日本列島祈りの旅3

出雲王朝の謎を解く！

天外伺朗
Tenge Shiroh

ナチュラルスピリット

2021年5月X日。オオクニヌシが殺害された猪目洞窟でのパイプセレモニー

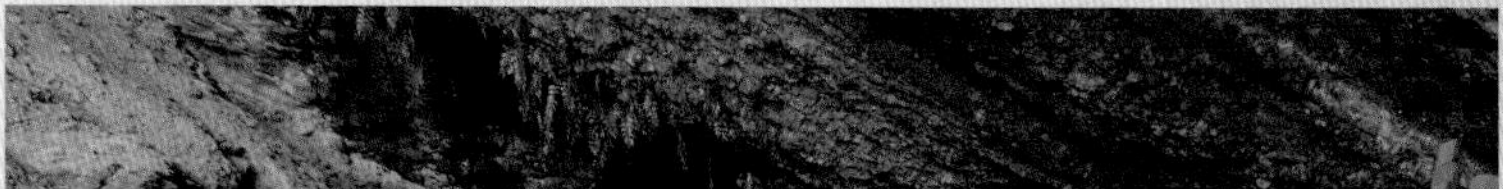

2021年5月X日。猪目洞窟での奉納舞

2021年5月X日。コトシロヌシが殺害された静の岩屋でのパイプセレモニー。舞姫の大村憲子にコトシロヌシが憑依し、毒殺の苦しみから次第に復活と再生が表現され、最後には喜びの舞に変わった。その後、参加者の多くが舞に加わった。複数のチャネラーが、コトシロヌシが岩屋から出てきて、皆と一緒に踊ったのが見えたと語った

2023年5月X日。サイノヒメノ命のご神体である三瓶山の麓でパイプセレモニー。スセリ姫と殺害された海童たちの供養も行った

2023年5月X日。出雲大社拝殿で、物部彩花さん率いる「和音合唱団」とともに祈る。オオクニヌシが両脇にタギツ姫とスセリ姫を伴って現れた

まえがき

古今東西、歴史というものは常に戦争や政争に勝った勢力が、自分たちに都合の良いように書き換えてきました。日本人が最も親しんできた『古事記』や『日本書紀』（以下：『記紀』と省略）も、その例外ではありません。それ以前に栄えていた出雲王朝は、ごく最近まで徹底的に封印され、歴史から抹殺されてきました。

1984年に荒神谷《こうじんだに》遺跡、1996年に加茂岩倉《かもいわくら》遺跡が発見され、歴史学者たちは驚きとともに、それまでの学説を翻《ひるがえ》し、かつて出雲王朝が存在していたことをようやく認めました（［1］梅原猛『葬られた王朝』新潮社、2010年）。しかしながら、出雲王朝の実態に関しては、ほとんど情報も手掛かりもありませんでした。

じつは、封印された歴史は、出雲王家に伝わる口承史として、極秘のうちに伝承されていたのです。その伝承作業は、昔は文字通り命がけでした。日本書紀が編まれた頃の状況は、次のように出雲王家に伝わっています。

『記紀』と異なる文書は廃棄され、隠し持っていると死刑になった。

（［2］富士林雅樹『出雲王国とヤマト政権』大元出版、2019年、P116）

当時の政権が、いかに躍起になって出雲王朝のことを隠蔽《いんぺい》しようとしていたかがよくわかりますね。その後は、多少は緩やかになったようですが、第二次世界大戦以前だと、出雲王朝のことを語ると、おそらく不敬罪で逮捕されたでしょうから、出雲王家の歴史はやはり相当に神経を使って伝承されたことでしょう。

右記の遺跡が発見される少し前に、この出雲王家の口承史のことが世の中の話題になったことがあります。

出雲王家の末裔、富當雄《とみまさお》さんは産経新聞社に勤務していたのですが、その後輩に司馬《しば》遼太郎《りょうたろう》がおり、この口承史の秘密を漏らしてしまったのです（『中央公論』1961年3月号）。その後、週刊誌などでもかなり騒がれました。おそらく、1000年以上にわたって厳重にキープされてきた口承史の秘密が、初めて世の中にさらされた事件だったでしょう。

富當雄さんに取材した吉田大洋《よしだたいよう》という人が、その内容を『謎の出雲帝国』（ヒカルランド刊）という本にまとめましたが、残念ながら理解が浅く、誤解を招く内容だったようで、出雲王家の末裔からは不評でした。

富當雄さんご自身は、京都の出版社から出雲の古代史の本を出されました。ところが、どうした訳か、その本は書店に並んだとたんに世の中から消え、出版社の在庫もなくなりました。

その理由に関して、富當雄さんの息子さんが書いた本から引用します。

イズモには過去を知られたくない旧家があり、その関係者がすべての本と原稿を買い取ったという。そのあとで、焼却したものと思われる。

父は1989年に病没した。遺言は「真実の出雲史を普及させてくれ」というものであった。

（［3］斉木雲州『出雲と蘇我王国』大元出版、2012年、P28）

これほど言論の自由が進んでいる、いまの日本でも、2000年来の旧家同士の確執（ある意味では民族間の確執）が、まだとても生々しく残っているようです。富當雄さんの息子さんは、その後、出版社（大元出版）を立ち上げられ、お父様の遺言を少しずつ実行されております。

最初の頃の出版物（［4］谷戸《やと》貞彦《さだひこ》『幸の神と竜』大元出版、2004年など）は、イズモ旧家を刺激しないように最大限の気遣いが見られましたが、次第に出雲王家の伝承そのものと思える内容に変わってきております。右記、文献［2］は、それまでの出版の集大成という感じがします（著者は民間の歴史研究家です）。おそらく文献［2］の内容は、イズモ旧家にとってはとても不本意だと思われますが、いまのところ妨害活動は報告されていません。

出雲王家の伝承は、いままで知られている日本の古代史とは、あまりにも乖離《かいり》が大きく、初めて接する人はかなりの困惑を覚えるかもしれません。

たとえば、『記紀』でスサノオとされる人物のモデルは、徐福《じょふく》だというのです。徐福は不老不死の薬を求めると、秦の始皇帝を騙して日本に来た（BC220）、と伝えられていますが、じつは北イスラエル王国が滅びたとき（BC721）にはるばる中国に逃れてきたユダヤ族の末裔であり、彼が連れてきた数千人の子どもたちもユダヤ族だそうです。

また、古事記に書かれた国譲りの物語はでたらめであり、伝承によればオオクニヌシもコトシロヌシも、徐福の部下により洞窟に閉じ込められて殺されたということです（3章）。

古事記では、この2人は親子とされていますが、伝承では国王と副国王だそうです。

本書ではまず、この出雲王家の伝承を追います。1章では、インド中央付近にいたシュメール系のドラヴィダ族が、アーリア人の侵略を受け、数千人規模ではるか日本まで逃れてきて島根県出雲地方に住み着いた、という出雲王朝成立のストーリーを述べます。これは、ほとんど出雲王家の伝承そのものですが、多少の変更と天外なりの解説を加えています。

2章は、2度にわたって日本を訪れた徐福のストーリーです。徐福が「不老不死」の薬を求めると称して秦の始皇帝を騙した（前記）、というのは司馬遷の『史記』に書いてあり、出雲王家の伝承もそれを踏襲《とうしゅう》しています。天外は、その説に異論を唱え、秦の始皇帝と徐福はつるんでいたのではないか、共にイスラエル王国を日本で復活させようとしていたのではないか、という推定（仮説①）を書きました。

ところが、匈奴の侵入に悩まされていた秦の始皇帝が出雲王国との関係を強化したいがため、すべてを仕組んだ、というチャネリング情報がもたらされました（仮説②、エピローグ）。仮説①がユダヤ王国の復活というロマン中心なのに対して、仮説②はきわめて現実的、世俗的な動機になります。読者はどちらを支持されるでしょうか。

3章は、全般的に『古事記』の記述と出雲王家の伝承を比較しております。伝承は史実に近いと思われますが、『古事記』の記述は、それと良く対応しているところと大幅に乖離しているところがあります。国譲りの逸話は最も乖離が激しく、出雲王家の伝承ではオオクニヌシ、コトシロヌシが殺害された様子が生々しく伝わっています。

ただし天外は、出雲王家の乗っ取りを計った徐福の命により、ホヒとタケヒナドリの親子が犯行に及んだとする出雲王家の伝承には異を唱え、犯行は海童《かいどう》（徐福が連れてきた子どもたち）の暴発だったのではないか、という仮説を提示しました。

この後、イズモ族が以前からその土地に住んでいた先住民を激しく迫害していたことがチャネリング情報でもたらされ、おそらく海童の背後に先住民がいただろうとの推定へつながりました。

4章は、『古事記』に秘められた謎の解明です。梅原猛《うめはらたけし》など既存の歴史学者の説をまず紹介し、それとはかけ離れた出雲王家の伝承について述べております。

『古事記』は、稗田阿礼《ひえだのあれ》の口述を太安万呂《おおのやすまろ》が書きとったと伝わっていますが、それは太安万呂が自らの名を残すために『古事記』序文に書いただけだそうです。稗田阿礼のモデルは歌聖《かせい》として有名な柿本人麻呂《かきのもとのひとまろ》であり、彼がほとんど1人で『古事記』を書き、その中の和歌も作ったといいます。

朝廷（主として藤原不比等《ふじわらのふひと》）のすさまじい圧力で史実を捻じ曲げられたのに対抗し、

柿本人麻呂は様々な「暗号」を秘かに仕込んで、それを後世の賢人が読み解けるようにしたそうです。

それがいま、1300年ぶりに読み解かれようとしております！

5章のタイトルは「チャネリングと呪術《じゅじゅつ》」です。いずれも科学万能主義のいまの社会では「迷信」として退けられてきました。しかしながら、古代史を紐解くときに、これを避けていたのでは何もわかりません。

出雲王国は、表の政治は男性が担当し、祭祀《さいし》を女性が担当しました。政治よりも祭祀が上で、そのため女性が社会を牛耳っておりました。女性たちの「チャネリングと呪術」の力が相当に強力だったと推定されます。

信じるかどうかは読者の自由ですが、この近代社会でもその能力の高い人はいらっしゃいます。この章では、出雲在住のチャネラーAさんによる情報をご紹介します。右記3章のオオクニヌシ、コトシロヌシの殺害が海童たちの暴発だったというのは、このチャネリング情報が源です。

天外は啓示を受け、2016年からアイヌなど日本の先住民が大和民族に虐殺された怨念《おんねん》の封印を解く、という旅を続けております（［5］天外伺朗『日本列島祈りの旅1』ナチュラルスピリット、2018年）。

イズモ族に対する供養も企画しましたが、チャネリング情報により、出雲王朝よりはるか昔に島根県の潜戸《くけど》で虐殺された一族（おそらくイズモ族が来る前から日本列島にいた先住民族）とクナト姫（おそらくイズモ族）という女性の供養にすり替わりました（［6］天外伺朗『クナト姫物語』ナチュラルスピリット、2018年）。

2019年に右記文献［2］が出版され、翌年には富當雄さんの息子さんである富尊《たか》彦《ひこ》さんともお会いすることができ、また、島根在住のチャネラーAさんからもいろいろと情報をいただき、いよいよイズモ族に対する供養を開始する準備が整いました。

6章では、その準備の様子、2021年3月に実行した下見旅行の顛末《てんまつ》を述べております。私たちはたんなる下見のつもりだったのですが、霊界には凄まじいインパクトを与えたようで、オオクニヌシ、コトシロヌシを洞窟に幽閉して殺害した徐福一派の重鎮とおぼしきスピリットからのチャネリングと、イズモ族が来る前から住んでいた先住民が、すさまじい迫害を受けていたこと、その恨みを証明するために4月1日に潜戸で大火事を引き起こしたことなどの驚くべき情報がチャネラーのAさんに降りてきました。

どうやら、オオクニヌシ、コトシロヌシの供養以前に先住民の供養が必要なようです。このチャネリング情報により、2016年、2017年の潜戸における供養（文献［6］）の意味がようやくわかりました。

ただし、先住民に対する供養は、この後の2022年に持ち越されました。

2021年5月22日（土）～23日（日）、全国から31名のメンバーが集まり、オオクニヌシとコトシロヌシの供養の祈りが、2人が幽閉された猪目《いのめ》洞窟、静《しず》の岩屋《いわや》の前で実行されました。7章では、その様子、ならびにその前後にAさんに降りてきた驚くべきチャネリング情報をご紹介しております。

オオクニヌシの霊は奉納舞が始まるとニコニコと寄ってきて見学していたし、コトシロヌシの霊は皆と一緒になって踊りの輪に加わったそうです。

翌2022年5月14日（土）、現地集合3名を含めて47名のメンバーが、再び猪目洞窟に集まり、オオクニヌシに降りてきて先住民に謝罪していただく、という難しい祈りを実行しました。オオクニヌシが男女２人の従者を連れて洞窟から正装で出てきて50人くらいの先住民と対峙し、お互いに踊りで対話していたことが、複数のチャネラーに見えました。

翌日には、静の岩屋の前でコトシロヌシを降ろし、やはり先住民に謝罪していただきました。コトシロヌシは奉納舞の輪に入り、先住民と手をつないで一緒に踊ってくれました。

Ａさんのチャネリングにより、すべてがうまくいったことがわかりましたが、さらには土地の地縛霊も一緒に供養されました。

徐福たち渡来組（のちのヤマト族）……イズモ族……先住民……という三層構造の中で、３０００年来の民族のわだかまりが、ようやく溶解いたしました。

２０２３年５月21日、22日には、物部家の末裔にもご参加いただいて、大団円の祈りの儀式が出雲の地で執り行われました（エピローグ）。

天外伺朗

日本列島祈りの旅③ 目次

【カバー写真：稲佐の浜】
出雲大社の西方にある海岸で、国譲り神話や国引き神話ゆかりの場所。弁天島という小さな島の岩上には豊玉毘古命を祀る小さな祠がある。『記紀』の国譲り神話では、大国主神が高天原から派遣された武甕槌《たけみかづちの》神《かみ》と国譲りの交渉をしたと言われている。

1　出雲王国の成立

イズモ族はどうやって日本列島に来たのか？

日本は単一民族の国であるという認識が一般に広まっていますが、これは完全に誤解です。はるかに昔から、実に多様な民族が何度も何度も日本に渡ってきており、激しい戦いや混血を繰り返して今日の日本民族が形づくられました。

1万年前には日本列島と朝鮮半島が陸続きだったし、それ以降は、造船と航海の技術に優れた民族が渡ってきたようです。なぜ、それほどまでに多くの民族が来たかというと、太古の時代には世界中に太陽信仰があり、他民族の侵略など何らかの事情で民族が大移動せざるを得ないときに、必ず太陽の登る方向を目指したということです。その東の果てが日本列島だったわけです。

本章では、文献［2］の出雲王家の伝承を中心に、イズモ族の日本列島への渡来から出雲王国の成立までを振り返ってみましょう。

この出雲王朝が、日本の国家としての曙《あけぼの》だったことは間違いありません。なお、彼らが出雲の地に定着するのはかなり後の話になりますが、本書では便宜上それ以前も含めてイズモ族と呼ぶことにします。

まず、イズモ族がどこから来たかというと、インドだそうです。ここで多くの人が「えっ？」と驚きます。日本人とインド人との間には民族的な共通点がほとんど見られないからです。じつは、いまのインド人はイズモ族とはまったく血統が違うアーリア族なのです。

イズモ族のルーツは、インドの中央付近に住んでいたクナ国であり、シュメール系のドラヴィダ族でした。彼らはアーリア族に侵略されてそこに住めなくなり、数千人の規模で大移動を決行しました。東を目指したのですが、異民族との衝突を避けるため人がほとんど住まない北回りの安全なルートを選んだようです。

まずはゴビ砂漠を渡り、アムール川上流に達すると、そこで筏《いかだ》を作り数千キロの川下りをして、そのまま間宮海峡を経て樺太に着き、さらには北海道を経て津軽半島に上陸したようです。インドを出て津軽に到着するまで、どのくらいの年月を経たかは文献［2］には書かれていませんが、おそらく100年は優に越えていたでしょう。旅をしながらの出産と乳幼児の育児は大変であり、ちょっとずつ住みながら移動したと考えるのが自然です。

また、羅針盤もなしに速度の出ない筏を漕いで海を渡るということはかなりの冒険です。喫水《きっすい》が浅い、というより、ほとんどない筏で波をかぶると人は簡単に流されてしまいます。喫水が深いヨットでも、嵐の中を航海するときは波をかぶっても流されないようにハーネスで身体を船体に固定します。イズモ族は、アムール川の川下りは経験していましたが、荒れ狂う海は初体験だったはずであり、かなりの数の命が失われたのでは

ドラヴィダ族の渡来

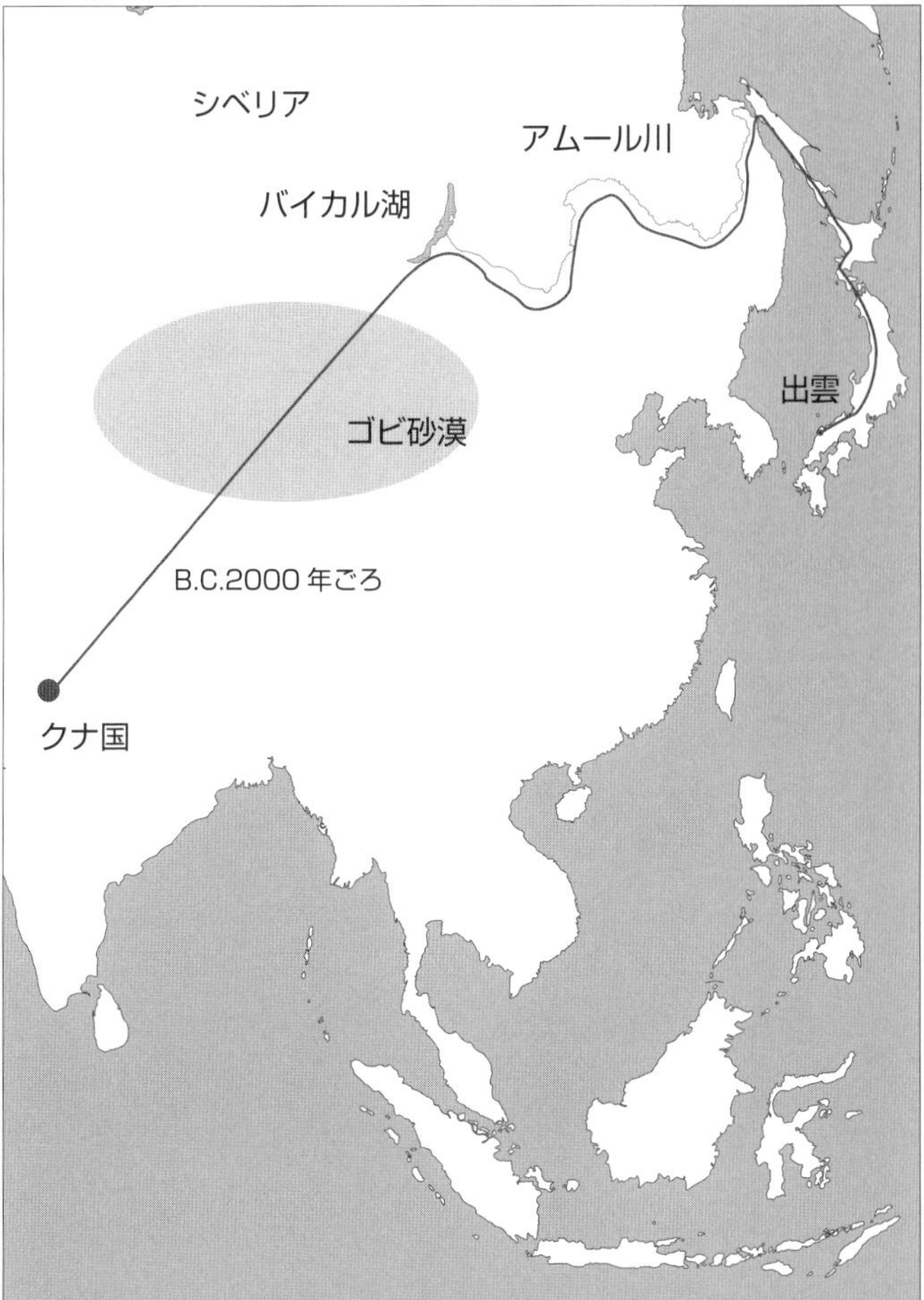

イズモ族のルーツ“ドラヴィダ族”は北回りの安全なルートを選んで大移動を決断した

ないかと私は想像しております。
数千人規模でインドを出発したイズモ族のうち、いったい何人が津軽までたどり着いたのか情報はありません。

津軽上陸は、いまから約4000年前だったと文献［2］では書かれていますが、私はそれよりさらに数百年前だったと推定しています。その理由は以下に述べます。

伝承では、その後イズモ族は三内丸山遺跡の地にしばらく住んだと伝えています。太い六本の柱の建造物が遺跡にありますが（写真①）、これは神魂神社（写真②）や出雲大社と共通のイズモ族の文化と考えられます。遺跡では物見台のような建造物が再現されていますが、あるいはもう少し立派な屋根のある建物（神殿もしくは高床式住居）だったかもしれません。
三内丸山遺跡には高床式の穀物倉庫が遺跡にありますが（次頁写真③）、これはイズモ族が持ち込んだ陸穂栽培による米の貯蔵庫だったかもしれません（その前のドングリ等の採集貯蔵だった可能性もあります）。

写真①：三内丸山遺跡の建造物。家の構造体は六本の柱で支えられている。
出雲大社も同じ

写真②：神魂神社（旧東出雲王国の王宮）

写真③：三内丸山遺跡の高床式倉庫

ただし、三内丸山遺跡はいまから5900～4200年前の期間に人が住んでいたことが明らかになっており、イズモ族の津軽上陸が4000年前だとするとつじつまが合いません。したがって私は、津軽上陸は少なくとも、いまから4300年前だと推定しています。その前には、三内丸山遺跡の地にはアイヌ族などの縄文の先住民族が長い間住み着いていた訳であり、おそらくは激しい戦闘の結果イズモ族がその土地を占領したのでしょう。

4200年前には急激な寒冷化が起きたことがわかっており、イズモ族の主力部隊はその土地を捨てて南下し、長い年月を経て島根県に定住しました。ただし、一部の部隊はそのまま東北に残りました。その後、ヤマトなどで戦いに敗れたイズモ族の一部が東北に逃げてきて、再び大きな集団になったようです。

イズモ族が出雲地方に定住した理由

イズモ族の津軽上陸から約3000年経た8世紀に、初代征夷大将軍《せいいたいしょうぐん》の坂上田村麻呂《さかのうえのたむらまろ》と戦った阿弖流為《あてるい》が率いる蝦夷《えみし》は、出雲王家の伝承ではイズモ族だ、ということになっております。ところがアイヌ族の伝承では、蝦夷はアイヌ族だといいます。おそらくは、このころのイズモ族とアイヌ族は戦うことなく混血が進んでいたのでしょう。

坂上田村麻呂と阿弖流為の戦いは、かなり詳細に記録が残っております。ところが、戦った相手の蝦夷に関しては、ほとんど知られていません。これは、イズモ族もアイヌ族も日本の歴史では抹殺もしくは無視されてきたからでしょう。

さて、イズモ族は各地にストーンサークル（環状列石）などの遺跡を残して、最終的に島根県の出雲地方に定住しました。なぜ出雲地方だったかというと、そこで極めて良質の砂鉄が採れるからです。イズモ族がインドから日本に持ち込んだ文化の主なものは、製鉄と陸穂の栽培と宗教上の様々なしきたりと儀式です。その中でもとりわけ製鉄技術は、武器や農具の製造を通じてイズモ族の発展に貢献しました。

BC660年頃には、出雲王国が成立したようです。三内丸山遺跡を離れてから、約1500年の月日が経過しております。初代国王は「八耳王《やつみみ》」。各地の豪族の意見によく耳を傾けたことから、この名前が付いたといわれております。

その後、出雲王家（向家《むかい》）はふたつに分裂しました。おそらく八耳王の腹違いの子を並立したのでしょう（後述）。

東出雲王家（富家）はメノウ（一部にヒスイも含む）の採掘から勾玉《まがたま》や管玉《くだたま》の生産を担当し、西出雲王家（神門臣《かんどのおみ》家）は鉄の製造を担当しました。

『古事記』のアマテラス大神とスサノオが誓約で対決するシーンで、まずアマテラスがスサノオの剣を噛み砕き宗像《むなかた》三女神を産み、次にスサノオがアマテラスの勾玉などを噛み砕き五柱の神を産んだとありますが、東と西の出雲王家の対立を象徴しているのでしょう。

ちなみに、西出雲王家は女神であるサイノヒメノ命のご神体である三瓶山《さんべさん》の近くに王宮があり、宗像三姉妹（コトシロヌシの母、オオクニヌシの妻、徐福の妻）は、その姻戚《いんせき》です。東出雲王家はクナトノ大神のご神体である大山が見える位置に王宮がありました（この後詳細を説明します）。

その後、2つの王家から国王と副国王が交互に立つ、という習慣が確立しました。両家の対立がうまく収められたのでしょう。国王のことを「オオナモチ」、副国王のことを「スクナヒコ」と呼びました。これらはあくまで役職名です。『古事記』では「スクナヒコ」という名の神が「コトシロヌシ」とは別に登場しますが、これは本来、そのときの副国王「コトシロヌシ」と同一人物を指すというのが出雲王家の伝承です。

さて、この出雲王国の8代目の国王（オオナモチ）が西出雲王家（神門臣家）のオオクニヌシ（ヤチホコ）であり、副国王（スクナヒコ）が東出雲王家（富家）のコトシロヌシ（ヤエナミツミ）でした。

なお、オオクニヌシ、コトシロヌシは役職名で、大勢いた、と書いた書籍も多いですが、これは誤解で、役職名はオオナモチ、スクナヒコであり、オオクニヌシ、コトシロヌシはそれぞれひとりしかいません（8代目国王、副国王）。

ここから本書の主題に入るのですが、その前にイズモ族の文化風習についてひとわたり見ておきましょう。

イズモ族が持ち込んだ文化とは？

イズモ族がインドから日本に持ち込んだ文化の主なものは、製鉄と陸穂の栽培と宗教上の様々なしきたりと儀式、と述べました。まずは、宗教から見ていきましょう。

イズモ族は、全体で「サイの神」と呼ぶ三柱の神を祭っていました。まずは、インドから皆を連れてきたクナ国王である「クナトノ大神」、その妃である「サイノヒメノ命」、そして息子である「サルタヒコ大神」などです。イズモ族は山や磐座《いわくら》を拝みましたが、「クナトの大神」のご神体は大山（鳥取県）、「サイノヒメノ命」のご神体は三瓶山（島根県）でした。

「サルタ」というのはドラヴィダ語では「突き出たもの」という意味であり、ゾウの突き出た鼻のことです。インドのゾウ神「ガネーシャ」が「サルタヒコ」に変わったようです。

サルタヒコは村境や峠道で悪霊や賊の侵入を防ぐ守り神としての役割を与えられ、ワラ人形として置かれました。それが川岸に置かれると、そこを「サイの河原」と呼んだようです。

仏教説話で「賽《さい》の河原《かわら》」というと、亡くなった子どもが父母の供養のために石を積むのですが、積んでも積んでも鬼に壊されてしまう、それを地蔵菩薩が救うという「賽の河原地蔵和讃」として知られています。

「まえがき」で述べましたように天外は出雲王朝よりはるか昔に虐殺された一族（おそらくイズモ族が来る前から日本列島にいた先住民族）とクナト姫（おそらくイズモ族）という女性の供養を2016年、2017年に実行しました（「6」天外伺朗『クナト姫物語』ナチュラルスピリット、2018年）。その様子はその本の6章で述べますが、チャネリング情報により、その一族とクナト姫が虐殺されたといわれたのが、島根県加賀の潜戸の「賽の河原」と呼ばれる場所でした。これもひょっとすると、「サイの神」と何らかの関係があったのかもしれません。

クナトノ大神とサイノヒメノ命は夫婦神であり、子孫繁栄の象徴でした。そしてセックスは子孫繁栄のための神聖な行為とみなされ、セックスを表す「X」が出雲王家を表すシンボルになりました。荒神谷遺跡、加茂岩倉遺跡からは大量の銅矛《どうほこ》、銅剣《どうけん》が発掘されましたが、そのなかで「X」の刻印があるものが出雲王家所属、その他のものは地方豪族の所属です。

なお、銅矛、銅剣は、王家が豪族に配る宗教的な絆を象徴しており、実用的な鉄器とは意味が違います。

クナトノ大神とサイノヒメノ命の二柱の神は日本中の道祖神として、カップルで石に刻まれています。また、神社によっては男性器、女性器を象徴する石がそのまま御神体になっていることもありますが、これもイズモ族の文化の伝承だそうです（文献［4］）。

インドのガンジス川には恐ろしい動物としてワニがおり、また森には毒蛇のコブラがいます。これらは、川の神、森の神としてあがめられ、ドラヴィダ族の龍神信仰となりました。イズモ族が日本に来たとき、ワニもコブラもいなかったので、そのかわりにサメとセグロウミヘビを神聖なる神の使いとしました。島根のほうではサメのことをワニと呼び、古事記の因幡の白うさぎのエピソードでもワニザメと書かれているのはそのためです。

この後で述べるオオクニヌシ殺人事件のきっかけは、このサメだったようです（3章）。龍神は、サイの神の眷属神《けんぞくしん》で、ワニ（サメ）とコブラ（セグロウミヘビ）はそのお使いという位置づけなのでしょうか。イズモ族は龍神をワラで作り、それを木に巻き付けて拝んでいたようです。その木は「斎の木」と呼んで伐採を禁じていました。「斎の木」は、「ハバキ」とも、蛇を意味するアラをつけて「アラハバキ」とも呼ばれたようです。

歌舞伎の『阿弖流為』では、蝦夷の守り神をアラハバキ女神と呼んでいます。東北にはアラハバキ女神の伝説が広まっています。文献［6］の前半はフィクションとしての「クナト姫物語」を書きましたが、アラハバキ女神を登場させました。

その後、出雲王家の伝承を学んで、アラハバキがワラで作った龍神を巻き付けた木のことだと知り、唖然としました。どこかで情報が捻じれているようです。

イズモ族はまた、山や磐座をご神体として拝む風習がありました。そういう山をカンナビ山といいます。蛇がとぐろを巻いたような円錐形の山は男神、まるいもっこりした山は女神が宿っているといいます。

鳥取県の大山《だいせん》は、伯耆富士《ほうきふじ》と呼ばれるような円錐形であり、クナトノ大神のご神体です（P31写真④）。東出雲王家（富家）の王宮（いまの神魂神社、P19写真参照）からは大山が良く見え、年二回の大祭の時には妃が司祭となり大山に向かって祈りを捧げたといいます。

同じように、島根県の三瓶山はサイノヒメノ命のご神体、といわれており、西出雲王家（神門臣家）の王宮から拝んでいたようです（P31写真⑤）。

イズモ族はまた、夜明け前に起きて山に登り、朝日を拝む風習があったようです。これは、世界中の太陽信仰で共通の宗教行事でしょう。たとえば南米のインカ帝国のマチュピチュ遺跡には朝日を拝む場所がしっかり残っています。

文献［6］では、青森の宿川原でベケレマツという名の姫の供養について述べました。アイヌの伝承ではベケレマツは大陸から来たアソベ族の姫だったといいますが、私は

写真④：クナトノ大神のご神体（鳥取県の大山）

写真⑤：サイノヒメノ命のご神体（島根県の三瓶山）

ひょっとするとイズモ族の姫だった可能性もあると思います。ベケレマツという呼び名はアイヌ側の情報であり、この供養に至った元のチャネリング情報では、単に日本語で「アサヒ」という意味の名の姫といっています（左記に引用）。

チャネリング情報①：
2017年3月12日@東京麻布十番　by　TyaTya

アサヒさんは672年、八つ裂きの刑によって亡くなりました。手足を縄で結んで引っ張り、頭蓋骨が崩れるほど残虐なものでした。処刑したのは権力ある男性で、髭が濃くて、ほりの深い顔立ちでした。
（文献［6］、P138）

前述のようにイズモ族は東出雲王家と西出雲王家から交互に王（オオナモチ）を出しました。王宮では春分、秋分の日に大祭が開かれました。これはいまでいう正月に相当しており、それぞれに年齢を一つ加えました。つまり、1年で2つ歳を取ることとなり、イズモ族の60歳は普通なら30歳に相当するのです。

このことが、日本（蓬莱国）が不老長寿の国だ、という誤解を中国の人々に与え、のちの徐福の日本渡来の理由とされたのかもしれません（2章）。

女性の地位が高かった古の社会

イズモ族の社会の大きな特徴は女系社会だということです。家は女性が所有しており、母親が死ぬと娘が引き継ぎます。婚姻はいわゆる通い婚です。男は夜暗くなってから娘の家に通い、朝の暗いうちに生まれた家に帰ります。

コトシロヌシが娘の家にいたところ、夜中に間違えて鶏が鳴いたので慌てて家を出て船を手で漕いだ、というエピソードが伝わっていますので、おそらく日が昇るまで娘の家にいてはいけない、という風習があったのでしょう。通うには娘の母親の許可が必要だったようです。

したがって、男は通っている娘の家族や自分の子どもとの交流はあまりなく、父親という概念は希薄です。婚姻というよりは、言葉は悪いですが「種付け」という感じだったかもしれません。男と娘との付き合いも、夜の寝室だけなので、私たちの常識的な男女間の恋愛とはかなり違っていたでしょう。

家族というのは、もっぱら自らが生まれた家の人間関係になります。家長は母親か姉か妹になるので、男の地位は低く、むしろ居候的だったでしょう。

当時は街灯もなかったので娘のところに通うには月明かりが必要でした。そうすると15日（太陰暦なので満月）の前後5日間くらいしか通えません。20日は通いおさめになるので「ハツカ」というようになったようです（ハツ＝果つ＝終り）。

10日間の通い期間中に排卵がないと妊娠できず、出生率はかなり下がると思います。それでもイズモ族が栄えたということは何らかの特別な工夫をしていたかもしれません。

文献［2］では、イズモ族は一夫一婦だったように書いてありますが（P57）、通い婚と一夫一婦制はあまり相性が良くないような気がします。

一夫一婦制や家父長制を持ち込んできたのは、むしろユダヤ教の伝統を引きずる徐福たちでしょう。この後、徐福たちがヤマト族に発展していくのですが（3章）、イズモ族との間ですさまじい勢いで婚姻関係が進み、血統関係を追ってもどちらかはわからなくなります。むしろ、女性中心で通い婚の文化をキープしているのがイズモ族、家父長のもとに妻が嫁いでくるのがヤマト族と分類したほうがいいかもしれません。

イズモ族では日常的な政治を行う王は男性ですが、祭祀は女性が担当します。この当時は、政治より祭祀の方が一段上と考えられていたので（5章）、社会全体を女性が動かしていたといってもいいでしょう。

それに対してヤマト族は明らかに男性中心社会です。最終的に日本列島はヤマト族の支配になりましたので、男性中心の社会が常識になり、いまの私たちは女性中心社会を想像することはとても難しくなっております。

ところが、太古の社会や先住民の社会はむしろ女系社会が多いようです。

たとえば皆さんがよく映画で見る平原インディアン（スー族＝ラコタ・ダコタ・ナコタ族など）のティピ（三角形のテント）は、女性が所有しています。通い婚ではなく男性もその中で暮らしていますが、女性が男性の毛布をつまんでティピの外にポイと捨てると離婚を意味し、男性は毛布を抱えてとぼとぼと去っていかなければいけません。ただ、男性には行き先がしっかりあります。

クラン（氏族）という横串組織の長は女性（クランマザー）であり、そのテントに行けばいつでも受け入れてもらえるのです。

イズモ族の文化の中で、もうひとつ無視できないのは「出雲サンカ」と呼ばれる一族です。文献［2］は「散家」という字を使っていますが、世の中では「山嵩」という文字を使う人が多いようです。

東出雲王家（富家）に仕えた忍者集団ですが、ドラヴィダ族ではなく、別の民族のようです（出自はよくわかりません）。出雲王家が亡んだ後も「出雲サンカ」は日本中の情報を集めて富家に報告していました。したがって、富家には日本の生の歴史の実態が常に集まっていました。富家に伝わる伝承がとても詳細で正確なのはそのためです。

「出雲サンカ」の一族は、その後の戦国武将たちに仕えた伊賀忍者・甲賀忍者を生んだだけでなく、歌舞伎の出雲阿国、能・狂言の観阿弥・世阿弥などの文化・芸術の創造に貢献し、楠木正成、豊臣秀吉などの人物を生みました。

つまり、表の政治の世界とはちょっと違った日本の歴史を裏から支えてきたともいえましょう。歴史学者は、もっとしっかりと「出雲サンカ」のことを調べるべきでしょう。

2　スサノオのモデルは徐福だった

徐福がスサノオに化けた⁉

出雲王家の伝承を学んでいると、「えーっ！」と驚くような話ばかりなのですが、その中でとりわけ私をびっくりさせたのは『記紀』でスサノオとして登場する人物のモデルが、じつは徐福だったということです。様々な事情で厳重に封印されてしまったようですが（5章で述べます）、日本の古代史の中で徐福はまさにキーパーソンだったといえましょう。

このことから、古事記、日本書紀の記述とはまったく違う日本の古代史の実像がほのかに浮き上がってきます。

本章では、その徐福について文献［2］の情報を中心にして掘り下げてみましょう。

司馬遷の『史記』には次のような記述があります：

徐福（元の名は徐市＝じょふつ）は、秦の始皇帝の命により「不老不死」の薬を求めて日本（蓬莱《ほうらい》）に来て、ようやく海中大神（神仙の王？）に会えましたが、貢物が足りないといわれ、「名家の男子と若くて美しい女子、百工《ひゃくこう》（多くの工作物）」を要求されたといいます。

それを聞いた秦の始皇帝は大いに喜び、美しい男女3千人と五穀の種や百工を持たせて再び徐福を日本に遣わしました。ところが徐福は日本で王になり、二度と戻りませんでした。（天外による意訳：『史記』巻百十八「淮南衡山列伝」）

正統派の歴史学者が認めているかどうかはわかりませんが、文献［2］では、徐福も秦の始皇帝もユダヤ族だったと述べています。

ＢＣ７２１年に北イスラエル王国がアッシリアに滅ぼされたときに、十支部族が行方不明になったといわれておりますが、そのうち三支部族が中国に逃れ、「秦」という国と「斉」という国を起こしたというのです。

なお、失われた十支部族のうち一支部族は海伝いに日本に来て四国の剣山《つるぎざん》に住み着いた、という説もあります（［７］大杉博『古代ユダヤと日本建国の秘密』日本文芸社、２０００年）。

いまのユダヤ人はカザール人の血が濃く、白人ですが、古代ユダヤ人はセム族であり、東洋人の風貌をしていた、といいます。


やがてＢＣ２２１年に秦が斉を滅ぼして中国を統一しました。その直前に始皇帝の攻撃から逃れるために、斉の王族たちが大勢日本に逃れてきました。上陸場所は土井ヶ浜遺跡（山口県下関市豊北町）付近だったようです。しかしながら、このときはイズモ族に攻められ、比較的短期間で追い返されました。

秦がいるので斉には帰れず、中国南方の江蘇省の蘇州に行ったようです。なお、「蘇」

という文字はユダヤを表すようです。

蘇州を逆に書くと「スサ」と読め、スサの男という意味で「スサノオ」と呼んだのではないか、と文献［8］では推定しています。

徐福は、斉の王族のひとりだったのではないかという推定もあり、追い返された部隊にいた可能性が高いと文献［2］では述べています。土井ヶ浜遺跡というのは、イズモ族との戦闘で亡くなった斉の兵士を葬った遺跡だったようです。頭蓋骨が中国の方向に向けて並べてあるので、望郷の思いを尊重して埋葬したのでしょう。

詐欺師が仕込んだ一大プロジェクト

簡単には日本に入り込めないことがわかった徐福は一計を案じました。まず先遣隊として、ホヒ（『古事記』ではアメノホヒ）とその息子のタケヒナドリ（『日本書紀』ではイナセハギ）に多くの貢物を持たせて送り込み、「この後、徐福が子どもばかり３００人連れて日本に来るけど出雲王国には害を与えないので上陸を許可してほしい」と頼みこんだと文献［2］ではいっております。　この頃は子どもを連れてくる、というのは一種の貢ぎ物としての意味があったようです。

その翌年（BC220年前後）、予告通りに徐福が3000人の子どもたちを連れてやってきました。その子どもたちもユダヤ系だったそうです（文献［2］）。

このとき、出雲王国は8代目の国王（オオナモチ）が西出雲王家（神門臣家）のオオクニヌシ（ヤチホコ）、副国王（スクナヒコ）が東出雲王家（富家）のコトシロヌシ（ヤエナミツミ）の代でした。


3000人もの子どもたちを両親から引っぺがして連れてくるということは、相当強力な権力と財政力がなければできることではありません。また、数多くの船（おそらく100隻以上）を建造し、大勢の人を養うということは巨額の費用が必要です。この頃はもう斉は壊滅状態だったはずで、やはりこれは前述の『史記』の記述のように、秦の始皇帝の支援があった、と考えるのが自然です。出雲王家の伝承（文献［2］）でも、この『史記』の記述を支持しております。

しかしながら、秦の始皇帝がいかに「不老不死」の薬を欲しがっていたとしても、戦争で滅ぼした敵国の斉の王族のひとりが突然ノコノコとやってきて、一回の会見で、こんな大法螺《おおぼら》話に乗るでしょうか？　よほど惚れこまない限り、乗れる話ではありません。当時の秦の年間国家予算規模はわかりませんが、徐福のプロジェクトはいまの貨幣価値で20～50億円と推定されます。まさに、秦という国の命運をかけてのプロジェクトだった可能性があります。

徐福自身は、日本に来て「不老不死」の薬を取ってくるというのは全部嘘だとわかっているわけであり、それがばれたら確実に首が飛ぶというなかで大芝居を打ったわけです。そうだとすると、人類史上稀に見る大詐欺師だったのでしょうか？

呪術能力に長けていた徐福の秘密

徐福は「方士《ほうし》」だったといわれており（次頁の記事を参照）、ひょっとすると呪術の力がとても強いシャーマンだった可能性もあると思われます。秦の始皇帝の前でも、呪術の力を見せつけ、短時間で信頼を得た、という推定もあり得ます。

徐福は斉の王族の一員という推定を先に書きましたが（文献［2］）、そうではなく、たんに王に仕える方士だったのかもしれません。

方士とは、紀元前3世紀から西暦5世紀にかけての中国において、瞑想、占い、気功、錬丹術、静坐などの方術によって不老長寿、尸解《しかい》（著者注：いったん死んで神仙になること）を成し遂げようとした修行者である。神仙を目指した神仙方士のほか政府に仕官する方士もいたが、道教の成立と共に道士と呼ばれるようになった。

異術を修め、鬼神に通じ、死生の解脱の道を知ろうとした。古代中国医学、化学、天文学、軍事を発展させた。神怪小説において様々な活躍を行い、人々を苦しみから解放するため、医術を用い、侠客を導き、社会貢献を行った。また一部の方士は自らの利益のために、他人をだまし、社会を混乱させた。（Wikipedia より）」

徐福の呪術能力に関しては、広く知られていたようで、文献（『播磨国風土記』）には次のような記述があります。

昔、大汝（オオナモチ）命（大名持・ヤチホコ＝オオクニヌシ）の（義理の）子である火明命（徐福）は、心もおこないもとても恐ろしかった。こういうわけで、父神が悩んで、逃げ去り（子を）捨てようと思われた。因達《いたて》の神山（姫路市）に到って、その子を遣わして水を汲ませ、かえってくる前に船を出発して逃げ去られた。このとき火明命が水を汲んでかえってきて、船が出発して去るようすを目にされ、大いにお怒りになった。そこで、風波をおこし、その船を追い攻められた。ここに父神の船は、進み行くことが出来なくて、遂に打ち破られた。

（文献［2］P113、『播磨国風土記』飾磨の郡）

これは徐福が日本に上陸してから、だいぶあとの話と思われますが、オオクニヌシの娘、高照姫を娶《めと》っているのでオオクニヌシから見ると義理の子ということになります。

この記事で、徐福とオオクニヌシの関係が相当険悪だったことをうかがわせます。オオクニヌシが徐福を置き去りにして殺そうとしたのに対して、徐福が念力で風波を起こして、船を進めなくした、という記述です。

この記述は、まるで旧約聖書でモーゼがエジプト兵から逃れるために海を割った（出エジプト記、14章）というエピソードを彷彿させるすごい話です。それが本当だったたかどうかはまったくわかりませんが、徐福が呪術の力が相当に強かったことを示す寓話だと考えてもいいでしょう。

その呪術の力で秦の始皇帝にも、オオクニヌシにも取り込んだのでしょうか？稀代の大詐欺師が呪術の力が強かったら、誰も手が付けられないでしょう。

なお文中、ホアカリ（火明）というのは、徐福が島根に上陸したときに名乗った和名です。この後、一度中国に逃げ帰って再度九州に上陸しますが（後述します）、そのときはニギハヤヒと名乗りました。『記紀』でニニギというのは、このニギハヤヒのことです。


さて、話を徐福の上陸に戻しましょう。ホヒの事前工作はうまくいき、徐福の一行は上陸を許されました。上陸地点は、石見国の五十猛《いそたけ》（島根県大田市）、この地名は、徐福とオオクニヌシの娘、高照姫《たかてるひめ》の間に生まれた息子、イソタケの名前になりました。

徐福が上陸したとき、ホヒはすでにオオクニヌシの信頼を得て、家来として仕えていました。徐福も、どのくらい時間がかかったかわかりませんが、オオクニヌシの信頼を得たようで、娘の高照姫を娶っています。

この当時、出雲王家との姻戚関係を結ぶということは、王家の一員になるということでした。徐福は首尾よくイズモ族の中に入り込んだことになります。

徐福とはどんな人物だったのか?

徐福の人物像に関しては、あまり直接的な情報は伝わっておりません。もし、「不老不死」の薬を取ってくると秦の始皇帝を騙して巨額な投資をさせた、というのが本当だとすると(このあと、そうではない可能性についても述べます)、上述の「稀代の大詐欺師」という形容がピッタリです。

上記の『播磨国風土記』や、出雲王家の伝承でも徐福とその一派は相当嫌われていた様子が伝わっています。『記紀』でも、スサノオは相当ワルだったと表現されています。

たしかに、もし、徐福が呪術の力が強かったとしたら、誰も逆らえない専制的なリーダーだった可能性はあります。

ただ天外は、歴史上の人物を「正義:悪」というパターンで裁くことには抵抗を感じております。人間はそんなに単純化できるものではありません。『記紀』は、「ヤマト族

＝正義」というパターンで書かれていますし、出雲王家の伝承は「イズモ族＝正義」のパターンになります。ともにかなりのバイアスがかかっていると考えたほうがいいでしょう。

徐福も、たんなる大詐欺師というよりは、何らかの大義の達成のために（このあとその可能性を述べます）、命を懸けて秦の始皇帝の前で大芝居を打ったのかもしれません。

古代の民族間の争いを紐解くときには、その宗教的な背景が欠かせません。徐福はオオクニヌシの娘、高照姫を貰いましたが、イズモ族の宗教には帰依しなかったように見えます。したがって、両者の間には宗教的な溝が大きく横たわっていた可能性がありま す。この当時、宗教的な違いは無視できません。

徐福たちの宗教は、基本的にはユダヤ教だったようです。ただしユダヤ教は三支部族が北イスラエル王国から逃げてきたとき以来、中国に徐々に浸透し、その後成立した道教にも大きな影響を与えたといいます（文献［2］、Ｐ１４０）。したがって、彼らの宗教はユダヤ教と道教がミックスしていた、と考えられます。

イズモ族が夜明けに朝日を拝んだのに対して、徐福たちは夜中に星を拝みました。ユダヤ教では偶像崇拝を禁じているため、北極星や北斗七星が礼拝の対象になりました。徐福が連れてきた子どもたちは「海童」と呼ばれていましたが、この信仰を叩き込まれたようです。

そして、星を拝んだ帰りに、イズモ族の斎木に巻き付けてあったワラの龍を、海童たちが切って回った、という記述があります（文献［2］）。これは、一見すると宗教上の争いのように見えますが、あまりにも稚拙な行為であり、私は海童たちがイズモ族に対して並々ならぬ不満を抱いていた証拠のように思えます。それが3章で述べるオオクニヌシ、コトシロヌシ殺害につながった可能性がありますが、これに関しては3章で触れます。

日本の天皇家のルーツは徐福!?

さて、この後いよいよオオクニヌシ、コトシロヌシなどが殺害された、という話に移るのですが、その詳細は3章で述べます。文献［2］では、出雲王国の乗っ取りを計った徐福の命により、ホヒとタケヒナドリが実行に及んだ、という立場に立っており、3章ではその説を紹介しております。

本章では、殺害がばれて、ホヒとタケヒナドリが逮捕されたことを聞いて、徐福は自分にも逮捕の危険が迫ったと感じて中国に逃げ帰った、というところから徐福の動向について述べます。

このとき徐福は、妻の高照姫も息子のイソタケも残して、単身中国に逃げ帰っています。かなりあわてていたのかもしれません。

中国に帰った徐福は、また秦の始皇帝と会見し、言葉巧みに説得し、再び巨額の投資を引き出しました。本章冒頭に記した『史記』のストーリーは、おそらくそのときの会見の様子でしょう。

1回目の巨額の投資が実らず、下手をすると責任を取らされて殺されかねない状況の中、徐福がどういう言い訳をして、どういう説得をして秦の始皇帝を丸め込んだのかは不思議です。いずれにしても、二度にわたり嘘の情報をもとに巨額の投資を引き出せたのは、もし本当なら、驚異の凄腕といわざるをえません。

二度目の来日はBC210年前後、徐福は再び3000人の子どもたちを連れてきましたが、今回はそれだけでなく屈強な兵士たちと様々な熟練工を伴っていました。そして、出雲王国の勢力が強い島根を避けて北九州を目指しました。一旦佐賀県の伊万里湾に上陸したのち、有明海に入り、佐賀市諸富町付近に広がって居を構えました。このあたりには上陸を妨げる勢力はおらず、戦いはなかったようです。

前述のように、徐福はここ（筑紫）ではニギハヤヒと名乗りました。『記紀』ではニニギと称されています。文献［2］では島根（丹後）のホアカリとニギハヤヒは同一人物（徐福）だ、と断じています。

北九州には、西出雲王家（神門臣家）の分家の宗像家がおり、いまの福岡県宗像市に居を構えておりました。徐福は宗像家に取り入り、三女のイチキシマ姫を妃に迎えました。イチキシマ姫との間に生まれた子がヒコホホデミであり、モノノベ氏を起こしました。

その子孫の、徐福から数えて7代目のイッセが東征を企て、海伝いに高知を経て和歌山に上陸しました。イッセが名草山で戦死したあと、弟のウマシマジが指揮を取りました。そのウマシマジが『記紀』で神武天皇と記述された人物のモデルのひとりになりました。『記紀』で「神武東征」とされている内容を文献［2］では「モノノベ東征」と呼んでいます。つまり、日本の天皇家のルーツは、徐福（ニギハヤヒ）だったと推定されます。これは誰しもがひっくり返って驚くような情報ですね！

さて、徐福（ニギハヤヒ）が三女を妃に迎えた宗像家三姉妹ですが、3人とも強力な祭祀を司ったと伝えられています。『古事記』では、アマテラスがスサノオとの誓約で産みだした三女神になっていますね（P22）。

長女のタゴリ姫はコトシロヌシの母親になり、次女のタギツ姫はオオクニヌシの妻となり高照姫を生み、上記のように三女のイチキシマ姫が徐福（ニギハヤヒ）の妃になったと文献［2］では伝えています（P71，P147）。

高照姫は丹後時代の徐福（ホアカリ）の妃になっており、おそらくその20年以上後に高照姫の叔母のイチキシマ姫が徐福（ニギハヤヒ）に嫁いでおり、ちょっと年齢的な矛盾も感じます。

徐福たちが日本にもたらした文化のひとつは水田による稲作です。それまでも、イズモ族が陸穂による稲作を持ち込んでいましたが、水田により飛躍的に生産量が改善されました。

もうひとつは、機織り機による布の制作です。機織りを「はたおり」と読ませているのは秦の訓読みだと思われます。秦が滅びて（BC206年）大勢の亡命者が日本に来たのは徐福の日本上陸よりはかなり後ですが、文献［2］では、徐福たちの一族も「ハタ族」と呼んでいます。

さらに「ハタ族」は、都市計画にもたけていたようです。平城京や平安京の建設も「ハタ族」の貢献が大きかったと伝わっています。

歴史から解く日本とユダヤの関係

さてここで、徐福が「不老不死」の薬を取ってくるといって、二度にわたって秦の始皇帝を騙した、という世の中一般に通っている定説とはまったく違う、天外の異説をご披露いたしましょう。

いまから約2200年前の話であり、何があったかはほとんどトレースしようがなく、いまの常識もまったく通用しないのは当たり前なのですが、天外の直感は、いま世の中で信じられている定説に抵抗を感じます。

世の中では稀代の大詐欺師として徹底的に悪者とされている徐福の、そうではない側面、あるいは可能性に焦点を当てます。下記が天外の仮説①です。

[仮説①]

徐福と秦の始皇帝はつるんでいた。ともにユダヤ王国の日本での復活を目指していた。

これは何らかの根拠があるわけではなく、たんなる思い付き、あるいは直感であり、軽く聞き流していただければ幸いです（ただし、このあと別のチャネリング情報がもたらされ、このロマンある仮説①とは別にもっと世俗的な動機から秦の始皇帝がすべてをたくらんだ、という［仮説②］を披露します……エピローグ参照）。

以下は、このロマンある［仮説①］のご説明です。

たしかに当時は道教の神仙道が盛んであり、「不老不死」という人類共通の夢が社会全体の大テーマだったことは容易に想像できます。だからこそ、それがストーリー全体を隠蔽するために利用された可能性もあります。

徐福が二度の来日で、それぞれ子どもたちを3000人連れてきたということは、少なくとも本人は、「不老不死」の薬ではなく定住の地を求めて王国を作ろうとしていたように見えます。この点は、出雲王家の伝承でも同じです。ただ伝承では、その動機を徐福のエゴだ、と断じています。どうしても王になりたかった。そのために秦の始皇帝を二度にわたって騙した、という論調です。

この点に天外は引っかかっています。王になりたい、という動機だけで、バレたら即処刑されるような大芝居を打ち、成功がおぼつかない大冒険に走るだろうか、という疑問です。また、その背後には、そんな臭い芝居に秦の始皇帝が二度もウカウカと引っかかるだろうか、という疑問もあります。

さて、「不老不死」の薬がカギでないとしたら、いったい徐福の動機と、秦の始皇帝の応援の理由は何でしょうか。私はそれを「ユダヤ族の悲願」ではないか、という「仮説①」を立てました。

本章の冒頭に記したように、文献［7］ではBC721年に北イスラエル王国が亡んだときに、一支部族が海伝いに日本に来て剣山に住み着いた、と述べています。しかもそのとき、ユダヤの秘宝《アーク》を持ってきて剣山に埋めたといいます。もちろんこれも、何ら遺跡が発見されたわけではなく、具体的な証拠があるわけもなく、著者の大杉博が状況証拠だけを集めて推定した結果にすぎません。

しかしながら、日本とユダヤ族との間には並々ならぬ関係があったのは事実のようです。徐福が約6000人のユダヤ族を連れてきたことは、出雲王家の伝承にもあるのでまず事実でしょう。

その後秦が亡んだとき（BC206年）、大勢日本に逃れてきたことは歴史学者も認めていますが、そのほとんどがユダヤ族であり、19万人だったという説もあります（文献［7］）。この当時、日本の人口は600万人程度だったようですから、これはバカにならない数字です。

なぜに日本は、それほどまでしてユダヤ族を惹きつけるのでしょうか。もちろん、1章で述べた「太陽信仰」もあるでしょうが、最初に剣山に住み着いたユダヤの一支部族と秘宝の影響もひとつの可能性としては排除できないと思います。

徐福と秦の始皇帝が語らって、秘宝を中心に日本の地にユダヤ族の楽園を建設しようとしていた、というのが天外の［仮説①］の骨子です。そうだとすれば、二度にわたる巨額の投資がうなずけます。この仮説だと、徐福は稀代の大詐欺師ではなく、ユダヤ族の悲願を達成するために命を懸けた英雄ということになります（断定しているわけではありません）。

その背景には、儒教のはびこる中国では、なかなかユダヤ教が定着しがたく、様々なトラブルがあったことも推定されます。これは「禁書坑需《ふんしょこうじゅ》」という言葉に現れています。禁書というのは儒教などの書物をすべて禁止し、焼き払ったこと。坑需というのは、儒者を埋めて殺害することをいいます。これらは、いずれもかなり激しい施策ですね。こんな激しい施策が必要なほど儒教が盛んであり、その中で無理矢理にユダヤ教あるいは道教を浸透させようとしたのでしょうか。

秦が比較的短期間に滅んでいるのは、この無理が祟ったのかもしれません。

秦と斉が、同じユダヤ族同士なのにもかかわらず、なぜ戦ったのかはわかりませんが、当時は漢民族との関係、ユダヤ教と道教、儒教の複雑な関係の中、様々なトラブルがあったと推定できます。その中で、徐福と始皇帝が、敵同士にもかかわらず、ユダヤ教の絆で、しっかりと結ばれていた可能性はあると思います。

徐福が日本に来てから、オオクニヌシとの関係が次第に険悪になっていったことは、先に記しましたが、そのひとつの要因が信仰の違いだったでしょう。つまり、徐福のユダヤ教に対する信仰は、相当強固だったと推定されます。

徐福が来日してから古事記が編まれるまで1000年弱の月日が流れました。どうした訳か、出雲王朝の存在も消され、徐福そのものの存在も消され、ともに史実とはかけ離れた、オオクニヌシ、コトシロヌシ、スサノオなどの神の姿で記述されました。

もし、[仮説①]が正しかったとしたら、徐福は北イスラエル王国滅亡からのユダヤ族の歴史を正確に子孫に伝承して、祖先を供養して欲しかったと思いますが、それはかないませんでした。

その理由、ならびに出雲王朝の存在が隠蔽された理由は5章で推定します。

3　オオクニヌシ、コトシロヌシはこうして殺害された！

『古事記』に登場する人物たちのモデル

『古事記』という書物は、様々な事情と力学の中から生まれた政治的な神話であり、現実に起きた歴史を直接的に参照することはいささか無理があるようです。

それでも登場する人物（神）は何らかの歴史上の人物（ときに複数）をモデルにしていることはほぼ推定できます。2章で述べたスサノオのモデルが徐福だった、というのがその例です（スサノオのモデルは他にもいます）。

『古事記』には、「高天原《たかまがはら》」という天上の神の世界と、「葦原中津国《あしはらのなかつくに》」という地上の人間世界と、ふたつの舞台が登場します。これらを歴史的に実際にあった人間世界に対比させることは、ちょっと無理筋ですが、一応それぞれが「徐福の世界」と「出雲王朝の世界」にほのかに対応していると思います。

『古事記』は、全般的には神の意志に基づいて、神の子孫が「葦原中津国」を支配する物語です。これは実際には、徐福の子孫が出雲王国を征服したことに対応していますが、事はそれほど単純ではありません。徐福の一族と出雲王家がすさまじい勢いで混血しているからです。

2章で述べたように、徐福（ホアカリ）は最初に丹後に上陸したときには、オオクニヌシの娘、高照姫を娶っています。二度目に筑紫に上陸したときには、西出雲王家の近い親戚の宗像家の三女イチキシマ姫を娶っています。イチキシマ姫の姉がタギツ姫、オオクニヌシの妻であり、また高照姫の母なわけです。つまり徐福は、筑紫では前妻の伯母を娶っているのです。

徐福（ニギハヤヒ）とイチキシマ姫の間に生まれたヒコホホデミがモノノベ家の祖で

あり、その6代目のイッセが和歌山の名草山で戦死したあと、東征の指揮を執った弟のウマシマジが神武天皇のモデルのひとりとなっています（2章）。

ウマシマジは徐福の子孫でもあり、また出雲王家の子孫でもあるのです。

ウマシマジは紀の川を遡ってヤマトに入るルートをあきらめ、熊野に回りました。そこからヤマトに攻め上がるとき、人がほとんどいない秘密のルート、熊野川の支流の北上川に沿って北上しましたが、その道案内をしたのが東出雲王家（富家）の分家である太田タネヒコでした（『古事記』ではオオタタネコと呼び、オオクニヌシに国譲りを迫ったタテノミカヅチの子だとしております）。

ウマシマジは出雲王朝に対する戦いを挑んでいたので、太田タネヒコは本家に対して弓を引いたことになります。おそらく本家と分家の関係性が険悪だったのでしょう。『古事記』で神武天皇を案内するヤタガラスは、太田タネヒコがモデルとなっています（文献［2］）。

『古事記』でいう神武東征の実態は以上のようです。

ウマシマジはヤマトに王朝を樹立しますが、次第に太田タネヒコの勢力が強くなり、宗教的にもサイノカミ信仰が普及し、何となくイズモ寄りになっていったようです。九州から来たモノノべ勢の半分以上は、また九州に帰ったといいます（文献［2］）。なお、太田タネヒコの姫巫女《ひめみこ》のモモソ姫は呪術の力が強く、卑弥呼のモデルの1人といわれています。

どうやら、このあたりまでは、まだ出雲王朝の文化が強く、必ずしも徐福の色には染まらなかったようです。出雲王国が完全に滅びるのは3世紀の豊玉姫《とよたまひめ》による第二次モノノべ東征以降ですが、それは本書の範疇外なので記述を省略します。

1章で述べたように、出雲王家では表向きの政治は男性が司り、祭祀は女性が司りました。春分と秋分の日にはサイノカミの大祭が行われ、その祭祀にはもちろん王も参列したはずです。

徐福（ホアカリ）に嫁いできた高照姫は、おそらく家を建て、そこに徐福が通ったのでしょう。高照姫は、その家で祭祀を行ったと想像されますが、その祭祀には徐福は宗教上の違いがあるので出なかったかもしれません。これがオオクニヌシの不興を買い、

２人の亀裂に発展した……と私は推定しております。

血は混ざったけど、宗教は混ざらなかったのです。高照姫が産んだイソタケは、徐福がいなくなったあと、サイノカミ信仰に染まりましたが、イチキシマ姫が産んだウマシマジは宗教的には、おそらく徐福の系統だったのでしょう。古代では、血統よりも宗教的な系統が重んじられたので、ウマシマジは徐福の子孫という印象が強いと思います。

神武天皇とムラクモの関係

神武天皇のモデルになった人物はもう1人います。父のオオクニヌシが殺害された後、高照姫は実家に帰ってしまい、徐福（ホアカリ）は中国に帰ってしまったので、２人の子イソタケは父も母もいない境遇になりました。

高照姫は従兄妹オオヤ姫にイソタケの養育を依頼しました。多分オオヤ姫のほうがだいぶ年上だったのでしょう。後にイソタケはオオヤ姫と結婚しました。オオヤ姫はイソタケにサイノカミの信仰を教えました。イソタケは大勢の海童たちを連れて丹波の国に移住しましたが、徐福というボスがいなくなっていたので、この連中はかなりサイノカミ信仰に染まっていたようです。

信仰が同じなので、丹波のイソタケ王国は出雲王国との関係は良かったようです。

その後、イソタケ（カゴヤマと改称）は、徐福（ニギハヤヒ）とイチキシマ姫の間に生まれたホヤ姫を妃に迎えています。イソタケとホヤ姫は異母兄妹なので、これは近親結婚になります。そして生まれたのがムラクモです。このムラクモが、ヤマト政権の初代大王ということになり、ある意味では神武天皇のモデルのひとりでもありましょう（コラム「古事記の物語①」参照）。

このムラクモ王朝は宗教的にはサイノカミ信仰をキープしていたので、出雲王朝に近かったと思われます。ムラクモは東征しておりません。

『記紀』でいう神武天皇は、このムラクモと、彼の伯父（母のホヤ姫の兄）のヒコホホデミが起こしたモノノベ家の6代目のウマシマジ（前述）という、かなり時代が違う2人のイメージを合成して創造したのでしょう。

ムラクモ誕生にまつわる記述をコラム（『古事記』の物語①）に示します。ここで：

（古事記の記述）↓（出雲王家の伝承）
ホヲリ（山幸彦）↓ホアカリ（徐福）
トヨタマビメ↓高照姫
ウガヤフキアヘズ↓イソタケ
妹であるタマヨリビメ↓従兄妹であるオオヤ姫
神武天皇↓ムラクモ

……と変換すれば、古事記の記述と、史実に最も近いと思われる出雲王家の伝承（文献［２］）がほぼピッタリ重なることがおわかりいただけると思います。

なぜ柿本人麻呂は暗号を仕組んだのか？

ホヲリ（山幸彦）が帰ったのは釣り針のことを思い出したからと古事記ではいっておりますが、ホアカリ（徐福）が中国に逃げ帰ったのは、オオクニヌシ、コトシロヌシの殺人がばれてホヒとタケヒナドリが逮捕されたのを聞いて、自分も逮捕されるのではないかと怖れたからです（2章）。

同じように、トヨタマビメが海に帰ってしまったのは、出産のときに本当の姿（ワニ）が見られたからだといっておりますが、高照姫が実家に帰ったのは父親のオオクニヌシが夫の徐福（ホアカリ）の手下のホヒに殺害されたと聞いたからです。その殺害の様子はこのあと述べます。

ムラクモの母親はオオヤ姫ではなく、イソタケがその後娶った異母妹のホヤ姫です。

なお、出雲王家の伝承で高照姫に相当する人物を、『古事記』でトヨタマビメと呼んでおりますが、豊玉姫というのはオオクニヌシの時代から400年もあとのモノノベ家の人です。亭主のイクメ大王が第二次モノノベ東征の途上大隅半島で病没し、その後東征軍を率いた女帝の名前で、ヒミコのモデルになった1人ともいわれております（文献[2]）。出雲王朝はこの豊玉姫の東征で完全に滅びました。そういう意味では、豊玉姫も神武天皇のモデルのひとりといえるかもしれません。

『古事記』がなぜこのような見え透いた混同をあえてしたかというと、『古事記』を書いた柿本人麻呂が、後世の人に記述のでたらめさを気付かせるために仕組んだ暗号だぞうです（4章、文献［9］）。

ムラクモがヤマトの初代大王に就任したとき、祝いとして出雲王が出雲形の銅剣を記念に贈ったそうです。これは「ムラクモのツルギ」と呼ばれました。この剣はムラクモから親戚筋の尾張家に伝わり、熱田神宮に収められました（いろいろな祟りがあって個人では所有できなくなったと伝えられています）。

いまでは「草薙《くさな》ぎの剣」と呼ばれていますが、『記紀』でスサノオがヤマタノオロチを退治したときに尻尾から出てきた剣、という作り話に変えられたのです。

このころ銅剣や銅鐸を贈るということは、「支配下にある」ということの象徴ですから、このときのムラクモ王朝はむしろ出雲王朝支配下の一豪族という扱いだったと解釈したほうが妥当だと思われます。そうだとすると、ムラクモ＝神武天皇＝日本の皇室の祖……というのは、いささか無理筋なこじつけのように思いますがいかがでしょうか。

なお、『古事記』では神武天皇（ムラクモ）の兄弟に「イッセ」という名前が見えますが、これは先で述べたように、はるか後世に物部家の6代目として東征を企てた人物です。名草山で戦死して、弟のウマシマジが大和まで攻め上がりましたので、本書では、神武天皇のモデルのひとりとしてウマシマジを上げました。イッセも神武天皇のモデルのひとりとして含めても一向に構いません。ただ、ムラクモとは約200年も時代が違いますので、イッセを兄弟と記すのは無理があります。これも柿本人麻呂が仕組んだ『古事記』の暗号でしょうか。

コラム　古事記の物語①

海幸彦の釣針をなくしてしまったホヲリ（山幸彦）は、これを探しに海神の国にやってくる。そんなホヲリを宮殿の門で見初めたトヨタマビメは、結婚を決意し父に相談。海神である父はこれを承諾し、ホヲリは3年間海神の宮でトヨタマビメと暮らすことになる。

が、ある日突然に釣針のことを思い出し地上へと帰っていく。やがて臨月を迎えたトヨタマビメは夫の元で子を産むため地上界にやってくる。出産のため海辺に鵜の羽を萱代わりに葺いた産屋をつくったが、それが仕上がる前に産気づき、子どもを産む。この子どもがウガヤフキアヘズである。このときトヨタマビメは「子どもを生むときは元の国の姿に戻ってしまうから決して見ないで」とホヲリに伝えるが、その禁を破ったホヲリにワニの姿を見られたため、海神の宮に帰ることにした。しかし、子どもの養育者がいないのが心配となり、自分の妹であるタマヨリビメを子どもの元へ送る。やがてタマヨリビメとウガヤフキアヘズは結婚し、神武天皇を生むのである。

（日本神話「古事記」の神々と物語をわかりやすく解説 https://intojapanwaraku.com/）


さて、少し話を戻しましょう。イザナギとイザナミのモデルは、文献［2］ではサイノカミのクナトノ大神とサイノヒメノ命のイメージではないかと述べています。

一方では、BC721年に北イスラエル王国が亡んだときに、失われた十支部族のひとつが海沿いに日本まで来た、という説（2章）に付随して、そのとき南イスラエル王国にいたイザヤ（旧約聖書に出てくる預言者）とその妻（ツィポラ）が秘宝（アーク）を持って同行した、それがイザナギ、イザナミのモデルだという説もあります（文献［7］）。

イザヤが神の啓示を受けて預言を始めたのがBC742年なので、日本まで同行した、というのは時期的に見てもちょっと無理筋な推定（日本までの航海はおそらく100年はかかっている）ですが、同行者の中にイザヤにゆかりのある者がいたのかもしれません。「イザ」という音の共通性も気になりますね。

スサノオとアマテラス大神の秘密

『古事記』によると、イザナギが亡くなったイザナミを追って黄泉の国に入った穢れを落とすために禊《みそぎ》をした際に、鼻から生まれたのがスサノオだそうです。また、左目を洗ったときに生まれたのがアマテラス大神です。

アマテラス大神のモデルは、はるかのちの持統《じとう》天皇（女帝、645〜703）だといわれております。柿本人麻呂が詠んだ草壁皇子（実母の持統天皇に殺害された）に捧げた挽歌の出だしが「天照らす、日女（ひるめ）の命」と持統天皇を形容しているからです（文献[8]P38）。なお、持統天皇は、『古事記』の編纂が計画されていた時代の女帝です（4章）。

ただ、『古事記』のアマテラスの記述と持統天皇は、あまり共通点は見出せないので、私はこの説は疑問視しています。

『古事記』によると、スサノオはアマテラス大神に反逆を疑われ、心の潔白を調べる誓約（うけい）と呼ばれる神産み合戦をします。アマテラスがスサノオの剣を噛み砕いて宗像三女神を産んだという記述は、鉄の生産を担当した西出雲王家の親戚が宗像家だったことに由来します。宗像三女神は、長女がコトシロヌシの母、次女がオオクニヌシの妻、三女が徐福（スサノオ）の妻です。

このことから、アマテラスは三瓶山がご神体のサイノヒメノ命、あるいは西出雲王家の源の八耳王の側室（名前は不明）のイメージが出てきますが、はっきりしません。

誓約でスサノオが、アマテラスの勾玉などを噛み砕いて五柱の男神を産んだというのは、メノウやヒスイを採集し勾玉などの生産を担当していた東出雲王家に由来します。王宮からはクナトノ大神のご神体である大山が見えます。誓約そのものは、東出雲王家と西出雲王家（八耳王の正室と側室）の争いを象徴しているのでしょう。

私たちが重い祈り（2章、5章）を実施した潜戸は、東出雲王家のそばです。2017年の祈りをサポートしてくれたチャネラー（TyaTyaとは別人）は、いまでも潜戸を始めとする出雲一帯は女神が覆っている、といっておりました。アマテラスというのは、個別の個人のモデルというよりは、霊界におけるもう少し大きな存在を象徴しているのかもしれません。

誓約《うけい》でスサノオから生まれた男神のひとりがアメノホヒです。そのモデルは明らかであり、徐福が3000人の子どもを連れてくるとオオクニヌシに伝えた先遣隊とされるホヒでしょう（2章、これとは違う情報がチャネリングでもたらされました。エピローグ参照）。アメノホヒの前にオシホミミという男神が生まれています。このオシホミミに葦原中津国を支配しなさいとアマテラス大神が指示するところから国譲りのストーリーが始まります（古事記物語②）。

スサノオは誓約には勝ったのですが、その後の乱暴狼藉が酷く、アマテラス大神が天岩戸に引き籠る、などの事件もありました。スサノオは高天原から地上界に追放になります。

地上に降りたスサノオはヤマタノオロチを退治し、救ったクシナダ姫（『古事記』では櫛名田比売《くしなだひめ》、『日本書紀』では奇稲田姫《くしいなだひめ》）と結ばれます。出雲王家の伝承では、稲田姫というのは初代出雲国王、八耳王の妻です。この例では妻の名前だけですが、『記紀』全般のストーリーではスサノオを出雲国王のイメージにも重ねています。

文献［2］では、スサノオ＝徐福と断定していますが、『記紀』では明らかに出雲王など、その他の様々な人物のイメージも重ねています。あるいは、これも柿本人麻呂が仕組んだ暗号の一部かもしれません。

スサノオ＝八耳王だとすれば、オオクニヌシがスサノオの子孫だとする『記紀』の記述がうなずけます（オオクニヌシは八耳王から8代目）。『古事記』では、オオクニヌシがスサノオの息子（あるいは6代後の子孫）だという記述と、スサノオの娘スセリ姫を娶ったという矛盾する記述があります。

スサノオ＝徐福だとすると、出雲王国の8代目の国王、オオクニヌシの時代に日本に来て、オオクニヌシの娘、高照姫を娶っていますので、『古事記』の記述は話があべこべです。

『古事記』では、オオクニヌシが兄神たち（八十神）のすさまじい迫害を逃れてスサノオの娘、スセリ姫と結ばれたこと、スサノオから与えられた様々な試練を乗り越えて、葦原中津国の支配を許された、というストーリーが語られます。

チャネリング情報によるとスセリ姫というのは、秦の始皇帝がオオクニヌシの側室に贈った女官で、呪術の力が大変強かったそうです。つまり、表で語られている歴史や出雲王家の伝承とはまったく異なり、秦の始皇帝とオオクニヌシとの間は親密な関係があったということです。

ところが、オオクニヌシが殺害された（3章）責任を取らされて、スセリ姫は毒殺されたといいます（エピローグ）。おそらくスセリ姫は、呪術の力でオオクニヌシを守る役割があったのでしょう。

これが本当だとすると、『古事記』の作者である柿本人麻呂はそれを知っていた可能性があり、秦の始皇帝が贈ったスセリ姫をスサノオ（徐福）の娘とする記述は、中々ひねりを利かせていますね。

あまりにも違いすぎる『古事記』と出雲王家の伝承

さて、ここから本章の主題であるオオクニヌシ、コトシロヌシ殺人事件の話に入りましょう。『古事記』では、これは国譲りの話になります。まず『古事記』の記述をコラムに示します（古事記の物語②）。

コラム　古事記の物語②

高天原に住むアマテラス大神は、「葦原中津国は私の子、アメノオシホミミが治めるべき国である」と天降りを命じたが、アメノオシホミミは天の浮橋から下界を覗き、「葦原中津国は大変騒がしく、手に負えない」と高天原のアマテラス大神に報告した。

神々が協議し、「アメノホヒを派遣するのが良い」という結論になった。

しかし、アメノホヒはオオクニヌシの家来となり、3年経っても高天原に戻らなかった。

次に派遣されたアメノワカヒコはオオクニヌシの娘の下照比売《したてるひめ》と結婚し、自分が葦原中津国の王になろうと企み8年たっても高天原に戻らなかった。これを不審に思った神々はキギシノナナキメを送るが、アメノワカヒコに弓で射殺されてしまった。その矢は天上界まで届き、神が投げ返すとアメノワカヒコの胸を貫き、彼は死んだ。

次にタケノミカヅチが派遣された。彼は出雲国の伊那佐之小浜《いなさのおはま》に降り至って、十掬剣《とつかのつるぎ》を抜いて逆さまに立て、その切先にあぐらをかいて座り、オオクニヌシに「この国は我が御子が治めるべきであるとアマテラス大神は仰せられた。それをどう思うか」と訊ねた。

オオクニヌシは答えず、息子のコトシロヌシに訊ねるよう言った。コトシロヌシはそのとき、鳥や魚を獲りに出かけていたため、使者が派遣されて連れて帰り、国譲りを迫った。これに対してコトシロヌシは「恐れ多いことです。言葉通りこの国を差し上げましょう」と答えると、船をひっくり返し、逆手を打って船の上に青柴垣《あおふしがき》を作って、その中に隠れた。

タケノミカヅチが「コトシロヌシは承知したが、他に意見を言う子はいるか」と訊ねると、オオクニヌシはもう一人の息子のタケミナカタにも訊くよう言った。タケミナカタがやってきたがタケノミカヅチと戦って負けた。タケミナカタは「恐れ入りました。どうか殺さないでください。この土地以外のほかの場所には行きません。私の父・オオクニヌシや、コトシロヌシの言葉には背きません。この葦原中津国を譲ります」と言い、タケノミカヅチに降参した。

タケノミカヅチは出雲に戻り、オオクニヌシに再度訊ねた。オオクニヌシは「2人の息子が天津神に従うのなら、私もこの国を天津神に差し上げます。その代わり、私の住む所として、天津神の御子が住むのと同じくらい大きな宮殿を建ててください。そうすれば私は百足《もも》らず八十《やそ》坰手《くまで》へ隠れましょう。私の180柱の子神たちは、長男のコトシロヌシに従って天津神に背かないでしょう」と言った。すると、オオクニヌシのために出雲国の多芸志《たぎし》の小浜に宮殿が建てられた。

（フリー百科事典 Wikipedia『国譲り』をもとに天外が要約）

この『古事記』の記述は、出雲王家の伝承とはあまりにも違うので、1：1に対比することはとてもできません。先にあげた神武天皇とムラクモの記述が、人名、帰った理由、妹と従妹などが僅かに違うだけで、その他はピッタリ合っているのと、まったく対照的です。

出雲王家の伝承によれば、オオクニヌシもコトシロヌシも徐福の部下のホヒとその息子のタケヒナドリにより殺害されたといいます。その様子を記した出雲王家の伝承を次のコラムに引用します（文献［2］）。

『古事記』の記述だと、高天原から蘆原中津国に、最初にアメノホヒが派遣されたが、オオクニヌシの家来になって3年経っても帰らなかった、といいます。これは、出雲王家の伝承でも先遣隊として日本に来たホヒがオオクニヌシの家来になったというので相違はありません。

ただし、オオクニヌシとコトシロヌシが殺害されたあと、ホヒと息子のタケヒナドリは逮捕され、死刑は免れたものの西出雲王家の下から東出雲王家の下に移され、死ぬまで「奴（一種の奴隷）」として過ごしたようなので、不本意な人生だったでしょう。

『古事記』で、オオクニヌシの娘の下照比売と結婚したアメノワカヒコのモデルは、文献[8]では竹内宿祢（84〜?）だとしておりますが、対応関係は良くわかりません。あるいは、オオクニヌシの娘の高照姫を娶った徐福（ホアカリ）の姿も彷彿させますが、記述内容はあまりにも違います。

ただ、先遣隊のホヒと、その後の徐福と、二度にわたり来日しているという伝承には沿っています。徐福が娶ったオオクニヌシの娘、高照姫と古事記でいう下照姫というのも名前が似ていますね。

釣りをしているコトシロヌシを使者が迎えに行く、というくだりは、オオクニヌシ行方不明を伝えにタケヒナドリが諸手舟で迎えに行くというエピソード（このあとのコラム参照）を彷彿させます。

梅原猛は、オオクニヌシに国譲りを迫ったタケノミカヅチは藤原家の祖先であり、藤原家がヤマト王朝成立に貢献したことを書かせるために藤原不比等が歴史を捻じ曲げた、と推定しております（文献［1］）。ところが、その『古事記』にはタケノミカヅチの子がオオタタネコだという記述もあります。

オオタタネコのモデルは、すでに述べたようにヤタガラスのモデルとなった太田タネヒコであり、東出雲王家・富家の分家です。これらをつなぎ合わせると、結局藤原家というのは出雲王家の血を引いていることになります。

『古事記』で、コトシロヌシをオオクニヌシの息子としているのは、明らかに誤りでしょう。すでに述べたように（1章、2章）、出雲王家は西出雲王家（神門臣家）と東出雲王家（富家）に分かれており、交互に国王（オオナヌシ）と副国王（スクナヒコ）を出す習わしでした。たまたま徐福が来日したBC220年頃は8代目の国王がオオクニヌシ、副国王がコトシロヌシだったのです。

同じように、タケミナカタがオオクニヌシの息子としているのも誤りです。タケミナカタは、コトシロヌシと、越の国（新潟）から嫁いできたヌナカワ姫との間に生まれた息子です。コトシロヌシが殺されたあと、ヌナカワ姫は越の国に帰りましたが、タケミナカタはそれについて一旦は越の国に行き、その後に諏訪にいって王国を樹立しました。タケミカヅチと戦って負けたわけではありません（文献［2］）。

なお、コトシロヌシとヌナカワ姫の息子でタケミナカタの兄がトリナルミで、オオクニヌシ、コトシロヌシが殺害されたあとの9代国王（オオナモチ）になっております。

また『古事記』では、オオクニヌシが「大きな宮殿を建ててください」と言って、身を引いた（死んだ）ことになっています。500年も後の崇神天皇や垂仁天皇の時代に疫病の流行で人口が激減したり、災害などの社会的混乱があったのに対して、これはオオクニヌシの祟りだ、という占いが出て、鎮魂の祭祀が行われました（文献［1］、P138）。このことが西暦659年の出雲大社の建立につながったことを象徴しているのでしょう。

忠実に伝えられた非業の死

『古事記』が編まれたのは712年、オオクニヌシの時代から900年以上経ていますが、まだ人々の間にオオクニヌシが怨念を残して非業の死を遂げたことが記憶されていたのでしょう。

このあと『日本書紀』が編まれ（720年）、どうした訳かその記憶が厳重に封印され隠蔽されていったのはまえがきに記した通りです（5章で説明します）。
なお、出雲大社を司る千家、北島家はホヒの子孫です。ヤマト政権が実権を握ってから名誉が回復されたのでしょう。

コラム　オオクニヌシ、コトシロヌシ殺害の様子
（出雲王家の伝承、文献［2］から引用）

ある日、タケヒナドリがヤチホコ王（オオクニヌシ）に、「海岸で海童たちがワニ（サメ）を捕まえて騒いでいる」と、告げてきた。出雲では、ワニは神聖な動物だと考え、尊んできた。王はタケヒナドリに連れられて、園の長浜に出向いた。そして、海童たちにワニを放つように説得した。すると、海童たちは王を取り囲み、船に引きずりこんだ。

それ以降、ヤチホコは行方不明になった。この異変は、タケヒナドリによって、神門臣家と富家にすぐに知らされた。このとき富家のコトシロヌシは大庭の宮殿には不在で、美保の埼で魚釣りをしていた。

コトシロヌシに異変を知らせるために、さっそく使者のタケヒナドリを乗せた舟がオウ川をくだり、王の海（中海）を渡って知らせに出た。その早船の様子は、のちに美保神社で「諸手舟神事」として再現されることになった。タケヒナドリは使者として諸手舟に乗りこんだ。そしてコトシロヌシに会うと、「ヤチホコ様が、園の長浜で行方不明になったので、コトシロヌシ様もいっしょに来て探してください」と告げ、コトシロヌシと従者を舟に乗せた。かれらは数隻の舟で王の海（中海）を西に向けて進んだ。

舟は、弓ヶ浜の粟島（米子市彦名町）に着いた。すると、海童たちが現れ、舟を取り囲んだ。そしてコトシロヌシは舟から引きずり降ろされた。それ以降、コトシロヌシも行方不明になってしまった。出雲王国は、主王と副王の2人をほぼ同時に失うという、前代未聞の事態におちいった。

出雲王国の重臣だったホヒとタケヒナドリは、出雲王たちを案内して帰ってきたあとは、何も話さなかった。

ひと月ほど後に、出雲王たちがいなくなったのはホヒ親子の仕業であると、海童の1人が白状した。

神門臣家がヤチホコ王を探し出した時は、王は猪目洞窟（出雲市猪目町）に幽閉され枯れ死していた。

（中略）

一方、富家がコトシロヌシを探し出した時には、かれは粟島の裏の洞窟（静の岩屋）に幽閉され、ヤチホコ王と同じように枯れ死していた。

（中略）

ホヒとタケヒナドリは、イズモ兵につかまり、監禁された。ホヒ・タケヒナドリの親子は、ホアカリ（徐福）の陰中（スパイ）であると噂されていた。そのため、出雲王たちの殺害を命じたのはホアカリ（徐福）であったということは、容易に想像できた。そこで出雲の人々の怒りの矛先は、ホアカリやハタ族にも向けられた。ホアカリは和国の王になることが来航の目的であったので、出雲王たちを亡きものにすれば、手っ取り早く目的を達成できると考えたらしい。

王たちを殺された両王家の人々の怒りは、すさまじかった。高照姫をホアカリに輿入れさせ、ホヒ親子を重臣に取り立てていた神門臣家の人々は、とりわけ裏切られたとの思いが強く、「ホヒ親子に死罪を与えよ」と強く主張した。

ホヒらは、「自分たちは徐福の命令に従っただけで、自分らに罪はない」と弁解した。

富家の人々は、銅鐸を持参した功績を考えてかれらの死刑を免じ、代わりに召使として自由に操ろうと説得した。その結果、ホアカリの息子のイソタケが育っていることも考慮し、ホヒとタケヒナドリの死罪は保留することになった。そして、かれらは富家に引き取られ、「やっこ」と呼ばれる召使として使われることになった。そのころの召使は小屋に住み、主人の許可がないと外出することもできなかった。

(中略)

ホアカリは、「ホヒとタケヒナドリが捕まり、処刑されるかもしれない」という報告を受け、恐くなった。かれは、息子イソタケを置き去りにして、船で秦に逃げ帰った。そのため、人々はホアカリのことを「鬼のような人だ」と言った。それでホアカリが住んだ村は、「鬼村」(大屋町)と呼ばれ、その

地名は現在も残っている。
（文献［2］、P106〜115）


いささか鳥肌が立つようなリアルな記述ですね。『古事記』では、「剣の切先に胡坐をかいて座った」（『古事記』の物語②）などと、神話的な現実離れした表現をしているのとは対照的です。

これは、出雲王家の伝承がなるべく史実に忠実に伝わるように配慮されているためだと思います。たしかに、『記紀』に比べれば、はるかに史実に近いでしょう。大元出版から、出雲王家の伝承が次々に出版されていることは、日本の古代史解明にとって、ものすごい貢献だと思います。

それでもなお私は、上記の記述を鵜呑みにはできません。以下、天外の仮説を披露いたします。

徐福は慌てて中国に逃げ帰った。ということは……？

まず、徐福がどういう人間かというと、二度にわたって、３０００人の子どもたちを含む大集団を集め、１００隻以上の船を造って渡航し、未知の国に定住させるという大事業をやったという事実です。未知の状況を予測して、それに対する綿密で周到な準備が出来なくてはいけません。

私は42年間ソニーに勤務しましたが、これほどの大プロジェクトを滞りなく実行できるほどの実力者は知りません。

それほどの実力者が、何の準備もなしにオオクニヌシ、コトシロヌシの殺害を命令することは、まずない、と断言できます。殺害命令を出すときには、間発を入れずに自分が政権を奪えるだけの周到な準備を、極秘のうちにするでしょう。上陸して間もなくオオクニヌシに取り入って娘の高照姫をもらい受けるほどの人物なら、極秘のうちにその準備をすることは造作もないでしょう。

ホヒとタケヒナドリが逮捕されたと聞いて、慌てて中国に逃げ帰った、ということは、少なくとも徐福はこの殺人を命令していない、と推定できます。政権を奪う準備を何ひとつしていなかったのが明らかだからです。

次にホヒとタケヒナドリですが、もし徐福（ホアカリ）の命令でないとしたら、彼らがオオクニヌシ、コトシロヌシを殺害する動機があったでしょうか。物事の道理をわきまえている人なら、単に殺しても政権は奪えないことは十分にわきまえているはずです。

したがって、私の推論は以下になります。

オオクニヌシ、コトシロヌシ殺害は、海童たちの暴発だった！

海童たちが出雲王家に対して、相当な反感を持っていたであろうことは、2章でアラハバキのワラの龍を切って回っていた、という記述からほのかに推定できます。彼らは、まだ世の中の常識をわきまえていなかったので、国王と副国王を殺せば徐福が実権を握る、と錯覚したとしても不思議ではありません。

オオクニヌシの娘（高照姫）を貰い、出雲王家の一員として勢力を伸ばしつつあった徐福と、重臣に取り上げられていたホヒが次のリーダーと目されていたのかもしれません。この頃には、徐福とオオクニヌシの仲は険悪だったと推定され（2章）、あるいは海童たちは徐福の愚痴を聞いており、オオクニヌシ、コトシロヌシの殺害が徐福の希望だという単純な誤解をしたかもしれません。

もうひとつの根拠は、この頃子どもを連れていくということが貢物という意味を持っていたらしい、という情報です（2章）。だいぶ後の話になりますが、ＡＤ１０７年に日本の６代目大王国押人は後漢と国交を開きましたが、そのとき和人の奴隷を１６０人連れて行って、安帝に献上した、とする記述があります（文献［8］Ｐ85）。この頃は日本に限らず、どこかの国と仲良くしたい場合に、奴隷（あるいは子ども）を献上する、という一般的な風習があったようです。

徐福が子どもを３０００人もつれてきたというのは、ひょっとすると出雲王朝に取り入るための献上という意味があった可能性があります。そうだとすると、海童たちは相当に過酷な状況に追い込まれていたと推定できます。

この当時、西出雲王家は鉄の生産を受け持っており、タタラなど重労働を要求する職場は山のようにあったでしょう。貢物として出雲王家に差し出された海童たちが、奴隷のように酷い仕打ちにあっており、出雲王家に恨みを抱いたとしても不思議ではありません。

もし、ホヒとタケヒナドリが殺害を指示していたのなら、当然死刑になると思われますが、死刑を免れたということも、海童たちの暴発説を裏付けます。

もうひとつ、蛇足ながら付け加えておくと、チャネリング情報（6章、7章）によると、イズモ族が到来する前から出雲地方に住んでいた先住民は、イズモ族から大変な迫害を受けていたようで、約3000年を経た今でもその怨念は相当に強く残っているようです。チャネリング情報では、その怨念が2021年4月1日に潜戸で大火事を起こしたといいます（6章）。もし、これが本当なら、この海童たちの暴発の裏に先住民たちの扇動や協力があったのは、まず確実でしょう。

ひどい仕打ちを受けていた海童たちが、やはりイズモ族から長年にわたって迫害を受け、恨みを抱いていた先住民と結びついて犯行に及んだ、という推定です。

先住民たちはとにかく長年の激しい恨みを晴らしたい、という意識だったでしょうから、オオクニヌシ、コトシロヌシ殺害の動機はむしろ海童たちより強かったでしょう。

しかしながら、たとえ海童の暴発であったにせよ、突然国王と副国王を殺害されたイズモ族にとって、徐福、ホヒ、タケヒナドリに対する怒りは相当に激しかったでしょう。そのため、その3人に「悪の権化」というレッテルを貼り、2000年以上にわたって恨み続けてきた、という構図が浮かびます。

天外が進めている「日本列島祈りの旅」は、過去にこの島国に多数いたいろいろな民族の怨念を開放し、霊的なレベルも含めて民族間の和解を促進する、というのが主旨です。

日本の歴史のバックボーンとなっていたイズモ族の怨念を開放するには、まずオオクニヌシ、コトシロヌシの供養から始め、さらには出雲族が到来する以前から住んでいた先住民の怨念を開放しなければいけない、というのが差し当たりの結論でした。その様子は6章、7章、8章で述べます。

4 『古事記』の暗号

梅原猛も反省した歴史の誤り

さて本章では『古事記』編纂の経緯をたどり、これほど盛んだった出雲王朝が、どうして歴史から完璧に抹消されてしまったのか、という謎に迫りましょう。

まえがきで述べたように、１９８４年に荒神谷遺跡、１９９６年に加茂岩倉遺跡が発見されるまで、歴史学者たちは誰一人として、かつて出雲王朝が存在していたことを認めておらず、神話上の架空の話だと退けておりました。

遺跡が発見され、彼らは不本意ながらその意見を翻さざるを得なくなったのですが、梅原猛（1925～2019）の悲痛な叫びを、まずご紹介しましょう。

コラム　梅原猛の悲痛な叫び！

我々は学問的良心を持つ限り、出雲神話はまったくの架空の物語であるという説を根本的に検討し直さなければならないことになる。旧説に対する厳しい批判が必要であるが、それは私にとっても大変辛いことである。しかし学者というものは、自分の旧説が間違っていたとすれば、自説といえども厳しく批判しなければなるまい。（文献［1］、P22）

このように一流の学者が自らの前説を翻して反省するということはとても珍しいと思います。それほど、出雲王朝の隠蔽《いんぺい》、封印は激しかったということでしょう。

梅原猛も文献［1］で、「記紀の謎」という1章を設けており、まずは戦前からの国粋主義のベースになった本居宣長《もとおりのりなが》（1730〜1801）の『古事記伝』を取り上げています。本居宣長は漢文で書かれた『日本書紀』については口を極めて批判し、『古事記』こそ天武天皇自らが語った悠久の昔から日本に伝わった神の道を説いている、としています。

さらに彼は、インド崇拝の仏教者や中国崇拝の儒学者を批判し、インドおよび中国は「ねじけた心」の国であり、日本こそ「直毘霊《なおびのみたま》」の国だとする、極端な国粋主義を主張しています。江戸時代の主張なので、今更取り上げることもないのですが、過去の日本はこの宣長の主張の影響を大きく受けて独善的な軍国主義に進んでしまったので注意が必要です。

梅原は、さらに津田左右吉《つだそうきち》（1873〜1961）の説——応神天皇以前の『記紀』の記述は天皇家に神聖性を付与するために創作されたフィクションで信用できない……を紹介しています。梅原は6世紀の朝廷にそんな大胆な偽造を行う必要性があったのだろうか、と津田を批判しています。

梅原は、自らの著書『神々の流鼠《るざん》』に関しても、藤原不比等（659〜720、藤原鎌足の息子）が日本の歴史偽造の中心人物であることを発見した後半は良かったが、前半はことごとく誤りであった、と反省しています。津田のフィクション説を批判している梅原ですが、自らも「歴史偽造」という言葉を使っていることは、注意を要します。

この当時、すさまじい皇位継承争いの中で持統、元明という2人の女帝が頼りにしたのが、甚だ権謀術数に長けた政治家、藤原不比等だったといいます。それだけではなく、不比等は大宝律令の編纂、藤原京、平城京などの都城の築造、さらには『古事記』『日本書紀』の編纂の中心人物だった、というのが梅原の推定です。

そして、藤原不比等が藤原氏の栄華を願って、タケノミカヅチなど国譲りに貢献した神を藤原家の祖先神として定義して創作したのが『記紀』だ、というのが梅原の説の骨子です。また、『古事記』は、稗田阿礼の口述を太安万侶が書き留めたといわれていますが、梅原は、稗田阿礼は藤原不比等と同一人物なのではないか、と投げかけています。

また『竹取物語』の中で、かぐや姫から「蓬莱《ほうらい》の白珠の枝」を求められ、それを探すことなく秘かに工人に制作させ、おまけに工賃を払わずにばれてしまった「くらもちの皇子」のモデルが藤原不比等だといいます。ずる賢く、しかもケチだ、という強烈な批判です。『竹取物語』は日本ではまことに珍しい政治的な風刺小説だそうです。

激しい権力闘争が『古事記』の謎を解く鍵

「蓬莱の……」というくだりは、「不老不死」の薬を得ようと蓬莱（注：日本のこと）を目指した徐福を彷彿《ほうふつ》させますが、文献［1］では、それについては触れていません。

文献［1］は、梅原の強烈な反省と共に、『記紀』の謎に迫りましたが、藤原不比等が藤原氏の栄華を願って祖先神を国譲りの功労者に仕立てた、というだけで、あれほど厳重に出雲王朝を隠蔽したというのは、動機としてはちょっと不十分と私には思われます。

この問題は、出雲王家にとって最大の関心事となりましょう。幸いなことに、ごく最近これに関する出雲王家の伝承が出版され、左記の２冊で驚愕《きょうがく》の情報が公開されました。

［8］斎木雲州『古事記の編集室』大元出版、2011年（改訂版2018年）
［9］五条桐彦『人麿古事記と安万侶書記』大元出版、2021年

まず、この時代の日本を取り巻く状況がどうだったかを概観《がいかん》してみましょう。ヤマト朝廷は百済《くだら》と同盟関係にあったのですが、百済が新羅《しらぎ》に攻められ、660年に滅びました。残党が日本に人質として滞在していた百済王子をかついで新羅に反撃しようとし、日本も援軍を送りました。

ところが、663年の白村江《はくすきのえ》でヤマト朝廷の水軍は新羅と唐の連合軍に大敗してしまいました。

つまり、唐の勢いがすさまじく、敵対したヤマト朝廷はその侵略圧力におびえる中で『記紀』の編纂が進んだ、ということが大前提です。

天智天皇は669年に即位すると、唐が攻めてくるのではないか、という恐怖に駆られて多くの城と巨大な土塁を築きました。さらに、遣唐使を5回も送って、へりくだった朝貢政治により唐との融和を図りました。文化的にも唐の影響が大きく、漢文が盛んでした。

ところが、天武天皇時代になると遣唐使は中止され、唐との距離を取りました。また、和歌などの和風文化が奨励され、『帝紀』の編纂が計画されました。ある意味では国粋意識が芽生え、唐に対する対抗意識が盛り上がったのでしょう。これは『古事記』の謎を解く第1の鍵です。

つぎに、この頃の朝廷は激しい権力闘争のさなかにあったということです。これが『古事記』の謎を解く第2の鍵です。

良く知られているように、中大兄皇子《なかのおおえのおうじ》（626〜672）と藤原鎌足《ふじわらのかまたり》（614〜669）は、645年に蘇我入鹿《そがのいるか》を暗殺し、政治の実権を握りました。中大兄皇子は、668年に天智天皇として即位し、有能な大友皇子を取り立てました。

それまで、中大兄皇子を支えてきた異母兄の大海人皇子《おおあまのおうじ》（?〜686）は、大友皇子を重用する天智天皇と対立するようになり（後で述べます）、672年にクーデター（壬申の乱）を起こしました。天智天皇は行方不明になりましたが、大海人皇子一派により殺害されたと推定されています。

大友皇子は、天智天皇没後短期間（672年1月〜8月）弘文天皇として即位しました。

しかしながら、大海人皇子の軍勢に追われ、いまの千葉県君津市のあたりまで逃げ延びましたが、そこで追い詰められて自害しました。

大海人皇子は、壬申の乱の翌年、673年に天武天皇として即位しました。

686年、天武天皇が没すると、お后のサララ姫（天智天皇の娘、645～703）が実権を握りましたが、1か月も経たないうちに大友皇子の後に政務の中心を担っていた大津皇子が逮捕処刑されました。サララ姫が自分の息子、草壁皇子を政権の中心に置くために諮ったと噂されました。

ところが、そのわずか3年後の689年、草壁皇子が、母の皇后サララ姫と藤原不比等（659～720、藤原鎌足の息子）、石上（モノノベ氏がイソノカミと改姓）麻呂が同席する食事会で毒殺されました。これは、草壁皇子が能力不足だったか、あるいは良くない動きをしたため、藤原不比等を政権の中枢に置くためにサララ姫が仕組んだ、と文献［8］では推定しております。自ら産んだ子を殺さなければいけないほど、厳しい政権運営だったのでしょうか？

あるいは、これは天外の勝手な想像ですが、藤原不比等が絶対的な権力を握り、サラ姫に草壁皇子を殺害するように強要したのかもしれません。前述の『竹取物語』のエピソードから見ると、藤原不比等はそれをやりかねない陰謀家だった可能性があります。

天武天皇没後、14年にわたって天皇不在の時代が続きました。しかしながら、サララ姫と藤原不比等による、かなり強烈の恐怖政治が続いたと推定されます。

『古事記』、『日本書紀』というのは、このような血で血を洗う、とても激しく醜い権力闘争の中から生まれているのです。

『古事記』の謎を解く3番目の鍵とは？

690年正月にサララ姫が即位し、持統天皇となりました。その即位式で、神祇《じんぎ》の頭・中臣大島が天神寿詞《あまつかみのよごと》を読みました。このころ、宮中祭祀の係としては忌部家と中臣家は上下を競っていました。

いまの常識からは想像できませんが、この当時は祭祀を司るということは、あるいは政治の実権以上に大切だと思われていました（5章）。

壬申《じんしん》の乱（672）では、物部氏は戦果を挙げ大海人皇子（後の天武天皇）に貢献しましたが、中臣氏は天智天皇側、つまり敵方でした。

それにもかかわらず、相変わらず中臣氏が祭祀を司っていることに対して、物部氏の石上麻呂と藤原不比等は不満を抱き、それを逆転すべく策をめぐらせました（注：藤原不比等の父親の鎌足は、一時中臣姓を名乗っておりましたが、血のつながりはありません）。

これが、3番目の『古事記』の謎を解く鍵です。

コラム　『古事記』の謎を解く鍵

①天武天皇以降、国粋意識が高まり、唐に対する恐怖が対抗意識に変化した。
②皇族たちは血で血を洗う醜い権力闘争に明け暮れた。
③宮中祭祀の実権を中臣氏から忌部氏に取り戻そうとする動きがあった。
（文献［8］）

さて、以上のような背景のもと、『古事記』『日本書紀』が編まれていく過程を追ってみましょう。

梅原猛は、『日本書紀』の記述から、天武天皇が歴史書編集の事業に由緒ある家柄の高官を大勢撰集委員に選んだことを挙げ、それは天皇が「諸氏のもっていた帝紀および旧辞の誤りを正し、公平な歴史書の編集を目指したからだ」と述べています。

ところが、実際に『古事記』の編集の実務を担当したのは、稗田阿礼と太安万侶の2人とされております。そのために藤原氏の祖先が独善的にアマテラス・ニニギ王朝成立の功労者に仕立て上げるという、藤原不比等の横暴が通ってしまった、これは天武天皇の「公平な歴史書」という方針とは正反対の精神で作られた歴史書になった、と梅原は述べています。

梅原は天武天皇に理想像を投影したようですが、実際には先に述べたように、皇族たちが血で血を洗う醜い殺し合いを展開し、怨念と怖れと欲望が渦巻くドロドロとした状況を踏まえないと、『古事記』『日本書紀』は理解できないでしょう。

ただ、天武天皇は歴史書の中に出雲王朝のことも含めようとしていたことは、出雲王家の伝承でも認めています。また、歴史書編纂が誰の目にも触れないように、秘密裡に宮中で秘かに行われ、それを仕切ったのは、当時の奈良の都の政治を独断的に支配していた藤原不比等であった、とする梅原の意見も出雲王家の伝承と一致しています。

天智天皇の時代には、遣唐使が多くの情報をもたらし、それを学んだ大海人皇子（後の天武天皇）は、唐の律令制度を取り入れたいと考え、異母弟の天智天皇に建言しましたが、無視されました。そのときにはもう、天智天皇は大友皇子を引き立て、大海人皇子を退ける方針だったのでしょう。

その後、酒に酔った大海人皇子は、激高して槍《やり》をつかみ床に突き刺す、という事件がありました。そのとき天智天皇は、「切れ」と指示しましたが、藤原鎌足が必死になだめ大海人皇子を救いました。

じつは、鎌足は次期権力者候補として、大海人皇子と大友皇子の双方に娘を贈っていたのです（文献［8］P10）。

この事件が、672年のクーデター（壬申の乱、前述）の引き金のひとつになったのは確かでしょうが、対立していた大友皇子と大海人皇子のいずれが勝っても藤原氏の勢力を維持できるように配慮した藤原鎌足のしたたかさが光りますね。

藤原鎌足は壬申の乱の前（669）に亡くなりましたが、大海人皇子に対する貢献は息子の不比等に引き継がれたことでしょう。


藤原不比等の兄、僧・定恵（643〜666）は、653年に遣唐使として中国に渡っています。定恵が亡くなったとき、不比等はまだ7歳でしたから、直接十分な話は聞いていないかもしれませんが、藤原家には唐に関する情報があふれていたでしょう。

前述のように、天智天皇の時代は唐に対してへりくだり、遣唐使を送り、朝貢政治に徹しましたが、天武天皇は遣唐使を中止し、対抗意識をあらわにしました。そのために、唐と同じような律令制度を整備し、歴史がある立派な国家を装おうとしたのでしょう。

唐に侵略されるという恐怖は同じように強かったでしょうが、対策の方向性は真逆です。そのためにどうしても歴史書が必要になったようです。


即位10年目に、天武天皇は帝紀の編集を命じ、12人の委員を任命いたしました。天武天皇は、出雲王朝も徐福の来日（1章、2章）も、そのまま帝紀に反映させる方針だったのではないか、と文献［8］では推定しています（P29）。編集委員には、各王朝の子孫が選ばれていましたが、過去の事件に対して当時の敵味方による利害の違いから、ひとつの表現にはまとまりませんでした。

結局各委員は、自分の先祖に有利なバラバラの下書きを書いただけで、このプロジェクトは休止状態になりました。

『古事記』の編纂に巻き込まれた柿本人麻呂

さてここで、万葉の歌聖として名高い、柿本人麻呂（660〜724）が登場いたします。文献［9］によると、大海人皇子（後の天武天皇）が自らの乳母の娘に産ませた落とし子だそうです。

その娘は、人麻呂を連れたまま嫁ぎ、やがて稗田の「語り部」に就任しました（文献［9］）。稗田家というのは、アメノウズメの血を引くといわれた家柄で、代々古代史を暗唱して語り継ぐ「語り部」でした。

母が暗唱のために唱えているのを聞いて、7歳の柿本人麻呂はたちまち覚え、自らも巧みに語るようになって評判を呼びました。15歳になると近所の寺に住み込み、お経や漢籍を覚えました。

やがて天才少年のうわさが都まで届き、豪族の招きで都に迎え入れられましたが母親の身分が低かったので、天武天皇には見向きもされなかったということです。ところが、和歌の才能が見いだされ、漢文も達者で、中国の書籍にも詳しかったため、名を成していきました。

以下引用します。

コラム　柿本人麻呂が巻き込まれる顛末

草壁皇子が亡くなった2か月あと、持統帝から人麻呂は召しを受けた。中国の神話の書『山海経（さんかいきょう）』を読んで説明せよ、との話だった。

この本は世界の始まりを想像した神話が、書かれていた。また古代の王や政治家たちの話に、尾ひれを付けた神話も書かれていた。

女帝はこの本の物語を、ことのほか喜ばれた。この漢書を読み終わると、先帝が作らせた帝紀を読み解説せよ、と命じた。

帝紀は完成していなかったが、編集委員が作った漢文の下書きが残されていた。それを公文書保管の係から借り出してきて、人麻呂は読みながら女帝に説明した。

各委員の作った下書きを長時間かけて、あらまし読み聞いた後で、女帝は吐き捨てるように言われた。

「何という嫌な記録ばかりですか。それらは皇位獲得にかかわる陰謀と争いの連続ではないですか。このような物を役人や若い豪族たちに読ませるのは、有害です。焼き捨てるがいいわ」

（文献［8］、P41〜42）

このエピソードから、持統天皇が『古事記』編纂に向かう精神的な方向性が十分に読み取れます。まず、中国の『山海経』のような神話仕立てにすることです。それから、陰謀と醜い争いの連続である、実際の歴史は隠蔽する、という方針です。これはその後、元明天皇に引き継がれたようです。

686年6月に、持統天皇は撰善言司《せんぜんげんし》を設置しました。歴史話を、道徳の教科書になるような良い教訓に変えて説話集にするつもりでした。しかしながら、委員たちは嘘を書くことに逡巡し、仕事ははかどらなくなり、撰善言司は解散しました。

しかしながら、ここで書かれた説話は無駄にはならず、多くが『古事記』、『日本書紀』に採用されました。

持統天皇は、吉野に藤原京を建設し、694年に遷都をいたしました。その遷都の指揮を執っていた太政大臣が天武天皇の息子で、草壁皇子とは腹違いの高市皇子でした。ところが、696年にその高市皇子が逮捕処刑されました。これは、持統天皇が草壁皇子の子（自身の孫）の軽ノ皇子（683〜707）を取り立てるために仕組んだと噂されました。

もしこれが本当なら、持統天皇は大津皇子、草壁皇子、高市皇子と、自ら産んだ子を含めて3人の皇子を屠ったことになります。皇室の権力争いがいかに過酷だったかが伺われます。

697年、持統天皇が退位し、軽ノ皇子が15歳で即位しました（文武天皇）。ところが10年後の707年に亡くなり、母（草壁皇子の妃、天智天皇の娘、661～721）が元明天皇として即位し、さらに715年に軽ノ皇子の姉（元正天皇、680～748）に引き継がれました。『古事記』は元明天皇の時代に、『日本書紀』は元正天皇の時代に完成しました。

柿本人麻呂が仕込んだ『古事記』の暗号

さて話を少し戻しましょう。柿本人麻呂は高市皇子の舎人《とねりびと》だったのですが、彼が処刑されたので職を失いました。

『古事記』は、記憶力に優れた28歳の稗田阿礼が誦述していた古くからの歴史を太安万侶（677～723）が4か月で書き下ろし、712年1月に元明天皇に献上された、と序に記されていますが、稗田阿礼の実像は何一つ伝わっておりません。

すでに述べたように梅原は、稗田阿礼はじつは藤原不比等をモデルにしたのではないかと推定しています。

文献［9］では、稗田阿礼は太安万呂が『古事記』の序文を書いたときに柿本人麻呂をモデルにしてでっち上げた人物だと断定しています。『古事記』にも『日本書紀』にも自分の名前が残らないことを知った安万呂が、ほとんどを人麻呂が書いた『古事記』に秘かに序文をつけてのちに公開されるように仕向け、あたかも自分が書いたように見せかけた、というストーリーです。人麻呂の母親が稗田の語り部だったわけであり、こちらの方が梅原の不比等説より、だいぶ真実味がありますね。

さて、その太安万呂ですが、こちらは墓が発見されており、万葉集では山辺赤人として知られる実在した人物です。藤原氏と親戚関係にあり、出雲王家の血を引いているようです（文献［9］）。

当時絶対的な権力を握っていた藤原不比等の命により、柿本人麻呂と太安万呂はほぼ監禁状態で『古事記』の編纂作業に入りました。太安万呂は柿本人麻呂より17歳も年下でしたが、官位は上であり、人麻呂は太安万呂と藤原不比等という二人の強力な上司のもとで苦労して執筆に励みました。

上からの締め付けは厳しく、出雲王朝のことは秘められ、徐福の存在も隠され、共に神話の形でおぼろげな姿で記述されました。文献［9］では、柿本人麻呂が真実の歴史がゆがめられたのを、後世の賢人が読み解けるように『古事記』に暗号を仕込んだ、と記述しております。

以下、引用します。

コラム　柿本人麻呂が『古事記』に仕込んだ暗号

確かに歴史とは勝者のものである。この国に限らず、歴史書とは常に権力者に都合の良い内容が記されるものである。

しかし人麻呂は、真実を後世に伝えたいとの本能に駆られ、一計を案じた。スサノオが出雲に降り立った時、出雲の姫君に出会う話を書いた。姫の名前を奇稲田姫とし、彼女の夫で出雲の初代王・菅之八耳を姫の父・足名椎として登場させた。

スサノオよりも古い出雲の真の王が居たのだと、暗に書き示したのだ。さらにスサノオの子孫系列に出雲二代王・八島士之身から十七代王・遠津山崎帯までの16柱の神を書いたが、これを十七世神と書いて数の矛盾をあえて残した。こうした矛盾をいくつも書き残すことで、後世に真実を見抜くヒントになるように考えた。

前・持統天皇が今の地位に至るのに、血生臭い歴史があるのは不快であるという理由で、いわゆる撰善方式で書くように命じられた。

「人麻呂どの、女帝が孫の文武帝に皇位を譲ったことを正当化させるための話を書かなくてはなりません。神話の御世から現人神の御世へ移る話として、国譲りの神話と天孫降臨の神話を書いてもらいます。国譲りは右大臣（藤原不比等）が奉祀する武甕槌命を、その英雄として記してください。くれぐれも血生臭い話にはしないように」

「安万侶どの、この史書を多くの人に読んでもらうため、和歌や寓話を混ぜて読みやすくするのはどうでしょう。」

なるほど、と安万侶はその案をお上に伝え、認められた。

人麻呂は正しい歴史が失われることを恐れた。そしてその歴史を守るため、この史書に暗号を残すことにした。

和歌や寓話や説明の表裏に虚実を織り交ぜ、そこに後の賢者が実を見抜くことを、人麻呂は期待したのだ。

しかしその試みがばれてしまえば、人麻呂の命ばかりか、今度は真の歴史が完全に、永遠に葬られてしまう。人麻呂は深く深く、注意を払わなければならなかった。

（文献［9］、P77～78）

太安万呂と柿本人麻呂の友情

さてここで、『古事記』に関する最大の謎を紐解きましょう。本来なら、唐を意識した歴史書なので、日本には、はるか昔から出雲という立派な王朝が存在していたことをアピールすべきだったでしょう。

それを阻んだのが出雲国造（当時の地方行政長）・果安でした。果安は、ホヒ、タケヒナドリの子孫です。この当時はまだ、オオクニヌシ、コトシロヌシ殺人事件（3章）は人々の脳裏に残っており、ホヒ、タケヒナドリはその下手人だったと思われていたので、一族はとても肩身の狭い思いをしておりました。歴史の中には、ホヒ、タケヒナドリが奴にされて、不遇な後半生を送ったなど、不名誉な内容も含まれます。果安は、名誉挽回のため、すべてを無かったことにしようと計ったと、出雲王朝の伝承は語ります［8］。

なぜ一地方行政長にすぎない果安にそんな大それたことができたかというと、この当時のヤマト朝廷は政治的には支配できていましたが、民衆の心はまだ出雲王朝に残っており、イズモ族がヤマト族に正式に恭順の意思を表す、という儀式が必要だったからです。ホヒ自身は中国がルーツですが、果安の時代までには出雲王家の血が多く混ざっており、出雲国造を務めていることもあり、果安はイズモ族代表とみなされていたようです。おそらくイズモ族側は、それまで頑なにそのような儀式を拒んできたのでしょう。果安はそれを引き受け、「出雲国造神賀詞」を奏上することの代償として出雲王朝のことを歴史書から抹殺することに成功した、というのが出雲王家の伝承です［8］。

果安の交渉相手は、天武天皇が歴史書編纂を企画したときの委員たちの中心人物、忌《いん》部《べの》子《こ》人《びと》（?〜719）でした。忌部子人は委員に就任したとき、果安から出雲王朝の歴史に関して聞き取り調査をしております。

忌部子人が、出雲王朝史の抹殺という大きな犠牲を払ってまで、なぜ「出雲国造神賀詞」の奏上にこだわったかというと、それを果安から引き出したという手柄によって、宮中祭祀の実権を中臣氏から取り戻したかったからです（『古事記』の謎を解く鍵③）。「出雲国造神賀詞」の奏上というのが、お互いにとって、とても大きな取引材料だったことがよくわかります。

出雲王朝の時代を抹殺し、なおかつ日本には昔からまともな王朝が存在していたことを諸外国（主として唐）にアピールするため、神武天皇から雄略天皇までの期間が2倍に延長され、出雲王国ができた時代から大和王朝が続いているかのように偽装されました。

太安万呂は、何とか出雲王朝の痕跡を残そうと掛け合い、神話の形で出雲王代々の系譜を残すことには成功しました。

このような強力なプレッシャーの中で『古事記』が誕生しました。太安万呂の貢献は僅かであり、ほとんどの内容も、挿入されている和歌も柿本人麻呂が書きました（文献［9］）。

ここで私は、出雲王家の伝承でははっきり書かれている、徐福が持ち込んだ、ユダヤ教－道教の伝統がどこにも残っていないことに注目しております。古事記にも残っていないし、いまの日本の伝統の中にも見られません。徐福を日本の歴史から葬り去るとともに、その宗教まで抹殺されているのです。

古事記をまとめたのは、どちらかというと徐福の子孫だったわけであり、これは大いなる謎です。

私の推定は、徐福にしても宗教にしても、中国との関係を徹底的に抹殺したのは、唐に対する藤原不比等の配慮ではないかと思います。日本は、中国とはまったく独立した文化を確立した、といいたかったのでしょう。ここから、日本固有の神道が発達したように思いますが、これは素人の勘繰りかもしれません。

さて、朝廷（藤原不比等）は、せっかくまとめた、この『古事記』が気に入らなかったようです。『古事記』を廃棄して、新たな歴史書を編むことを決定しました。理由はよくわかりません。そして、正式な歴史書として太安万呂が書き上げたのが『日本書紀』です。中国人が読めるように漢文で書かれました。

その朝廷の意志に反して、いま私たちが『古事記』を読むことができるのは、太安万呂も柿本人麻呂も、何とか後世に伝わるように、それぞれに写本を残したからです。

太安万呂が『日本書紀』に、著者である自分の名前が残らないことを嘆いて、『古事記』の自分の写本に序を書き加え、柿本人麻呂をモデルに稗田阿礼なる人物をでっちあげ、その口述を自分が書きとったかのように偽装したのは先に述べたとおりです（P108）。そのために、太安万呂という名前は後世に伝わりました。

それに対して、実際に『古事記』を書いた柿本人麻呂の貢献は、出雲王家の伝承（文献［8］［9］）が出版されるまで、誰にも知られておりませんでした。

これに限らず、日本の歴史全般は、今後出雲王家の伝承に沿って大幅に見直す必要がありそうです。

太安万呂と柿本人麻呂は、『古事記』、『日本書紀』を書いたということの口封じのため、罪を着せられ、2人とも島流しにあっています。

2人は対立することもあったのですが、島流しを明けた太安万呂は、頻繁に柿本人麻呂に会いに行き、その和歌集の出版をし、それがベースになって万葉集が編まれました。柿本人麻呂が歌聖としていまでも名が轟いているのは、太安万呂のこの貢献のお陰もあると思います。そこに2人の友情を感じて、ほのかに暖かい気持ちになります。

5　チャネリングと呪術

チャネリング情報とは何か？

合理主義を信奉しておられる方は、チャネリングとか呪術とかいう言葉にはアレルギーがあり、本書の記述に違和感を覚えるかもしれません。1章では、天外が進めている「日本列島祈りの旅」でチャネリング情報に基づいて動いたと述べ、2章では徐福の呪術の力についての推定を書きました。

本章では、さらに詳しくチャネリング情報について述べます。

本書で扱う古代史の時代には、チャネリングも呪術も社会の常識であり、誰も疑う人はおりませんでした。イズモ族の妃たちが祭祀を司ったというのは、そういう能力に長けていたからにほかなりません。

中世から近代に移り変わるとき、人々は宗教による抑圧的な支配を嫌い、科学的合理性と理性によるコントロールを社会の規範に選びました。その結果、チャネリングとか呪術といった科学では説明できない現象は迷信とみなされ、表の社会から葬り去られました。違和感を覚えた方は、その社会常識に沿って生きておられます。

しかしながら、そういう堅い社会常識とは裏腹に、いま占いは空前のブームになっており、正月にはものすごい人が神社に群がっています。ほとんどの方が、科学では説明できない怪しげな現象を心の底では信じているのです。

私自身は、ソニーに42年も勤務し、CD（コンパクトディスク）や初代AIBO（犬型ロボット）の開発に携わり、科学技術の世界にどっぷりつかって生きてまいりました。一般の方よりもはるかに科学には詳しいのですが、逆に科学の限界も心得ております。

2000年8月に、インディアンの長老から突然「聖なるパイプ」を拝領し、インディアン社会では長老のひとりに列せられ、「祈《いの》り人《びと》」つまりシャーマンとしての人生も歩むことになりました。これは、本名の土井利忠として歩んでいた科学技術をベースにした堅い世界とは真逆の、とてつもなく怪しく、おどろおどろしい世界に天外伺朗をいざないました。「日本列島祈りの旅」というのもその活動の一環だし、本書の執筆もそうです。「祈り人」としての活動を通じて私は「祈り」の本質に気付き、本を1冊まとめました（[10] 天外伺朗『祈りの法則』ナチュラルスピリット、2021年）。この本では、「祈りの力」が弱くても抜群の効果が期待できるインディアンの長老から伝えられた祈り方と、その実例を書いただけでなく、修行を積んだ僧侶による信じられないような祈りの実践例についても述べました。

じつは、この本で紹介した例はほんの序の口であり、さしさわりが多くてとても公表できない〝すさまじい祈りの実績例〟を私はたくさん知っております。その公表できない中には皇室が絡んでいるケースもあります。

いまでは、すっかり迷信として一般常識から排除されておりますが、この呪術の威力を実感として把握していないと古代史は読み解けません。

出雲王家の妃たちが、どうして祭祀の力で国を支配できていたのか、どうして祭祀が政治より上に見られていたのか、あるいは忌部子人が宮中祭祀の役を取り戻すために、どうして果安に大きな妥協をしたのか（4章）、すべて呪術の威力が支配的な社会だからこそ起こったのです。いまに比べて古代は、そういう強力な呪術の力を持った人が大勢おり、その力を競っていたことでしょう。

そういう力を発揮している人がとても少ない、いまの日本社会の常識からは、想像を絶するでしょう。

いまでも、近代文明社会とは違う環境では呪術の威力が普通に使われています。インディアンやアイヌなどの先住民の社会がそうですし、長老たちはとても「祈りの力」が強力です（文献［10］）。

2010年に南アフリカで開かれたサッカーW杯で、岡田武史監督が日本チームを率いてアフリカ代表のカメルーンと戦ったとき、ハーフタイムにはギンギラギンに着飾ったシャーマンがロッカールームに入っていきました。アフリカのサッカーチームは、選手獲得にかけるお金よりもはるかに高額のお金を払って専属シャーマンを獲得するそうです。シャーマンはときには相手チームの有力選手を呪うこともするでしょう。

古代は神とつながることで情報を降ろした

「チャネリング」というのは、何らかの目に見えない存在につながって情報を降ろすことをいいます。古代の祭祀では、つながる対象は神でした。イズモ族の場合には、それはクナトノ大神、サイノヒメ命、サルタヒコ大神と、その眷属である龍神、あるいはお使いであるワニ（サメ）、コブラ（セグロウミヘビ）などでしょう。ユダヤ教の場合には、唯一神ヤーウェーでしょう。

宗教によりチャネリングの対象が異なり、降ろされる情報が違います。現代のように観念的な教義だけで語られる宗教とは、かなり感覚が異なります。したがって、チャネリング情報を信じて政治を動かしていた古代は、いまの私たちには想像もできないほど、宗教の違いが問題になりました。だからこそ、オオクニヌシと徐福（ホアカリ）の仲が険悪になったのでしょう。

ヒンズー教の教義には、宇宙開闢以来のあらゆる情報を貯蔵した「アカシック・レコード」なるものが、宇宙のどこかに存在するといいます。スピ系のチャネラーは、「アカシック・レコードを読む」という表現をよく使います。しかしながら、どこにつながっているかは、チャネラー本人にもわからないことも結構あります。

科学的な説明はできませんが、目に見える物質的な世界の背後には目に見えないもうひとつの世界があり、そこには知性を持った様々な存在が、地上で生きる我々には及びもつかない豊富な情報をキープしているというのが、おぼろ気な仮説です。その存在の中には、巷で「神」とか「霊」とか呼ばれるものも含まれますが、どうやらそれだけではないようです。

30年程前に、ダリル・アンカというチャネラーが「バシャール」という存在からの情報を降ろして評判を呼びました。いま、スピ系と呼ばれる人たちは、直接的・間接的に大きな影響を受けていると思います。「バシャール」は、「神」でも「霊」でもなく、正体不明で、どちらかというと宇宙人、あるいは宇宙的存在という印象を受けました。

そのころから、既存の宗教とはまったく関係なくチャネリングという分野が発展してきました。

私が直接観察できた30年前は、チャネラーの数が少なかったこともあり、大勢に担がれて「ミニ教祖」のようになってしまった人を多く見かけました。「自分はすごい！」と思い上がると、ユングが「魂のインフレーション」と呼んだ、意識の異様な高揚状態に陥り、転落するケースも結構ありました。

それに比べるといまは、チャネラーを養成するセミナーも開かれ、きわめて大勢の人がチャネリングで生計を立てております。昔に比べると、チャネラーの意識が軽くなっており、「ミニ教祖」になってしまう人はあまりおりません。

このように僅か30年でも大きな変化が見られます。そうだとすると、同じ「チャネリング」でも、古代史の時代と現在とでは、かなり様子が違うかもしれません。

6種類の宇宙語が話せるチャネラー

「日本列島祈りの旅」を支えてくれたチャネラーのひとりＴｙａＴｙａは、そんな近代的なチャネラーのひとりです。ある日突然6種類の宇宙語が完璧に話せるようになり、その宇宙語を使って3種類の眼に見えない存在とコンタクトが取れるようになりました。

面白いのは、私たちが外国語を習得するように少しずつ覚えるのではなく、あるボディーワークのセッションを受けている最中に、すでに宇宙語を喋っている友人に触れられた途端に6種類の宇宙語がいきなり喋れるようになったことです。やはり、科学的にはまったく説明できないメカニズムが働いているとしか解釈できません（文献［6］）。


2016年の秋、島根県に行く予定があり（6章）、ついでにイズモ族に対する供養をしようじゃないかという話になりました（1章）。ところが、その当時はイズモ族に関する情報は皆無で、どこで何を対象に祈ればいいのか、さっぱりわかりませんでした。そこで、一緒に祈ってくれるイズモ族の女性シャーマンがどこかにいないかと、八方手を尽くして探しておりました。

最初にTyaTyaに頼んだチャネリングは、「どうしたら、イズモ族の女性シャーマンが見つかるか」ということでした。ところが降りてきた情報は、思いもかけずに次の内容でした。

チャネリング情報②：
2016年6月3日＠愛媛県松山市　by　TyaTya

出雲王朝よりはるか前、島根県のある場所で、美しい姫とその一族が虐殺された。その怨念の封印を解くことが「日本列島祈りの旅」全体の鍵を握っている。

イズモ族の女性シャーマンを探す必要はない。一緒に行く体格の良い女性がシャーマン役を引き受けてくれるだろう。

（文献［6］P92、要約）


姫の名前を質問したとき、チャネリングで「クナト」という言葉が出てきたので「クナト姫」と呼びましたが（文献［6］）、あるいはクナト大神を祭るイズモ族の一員だ、という意味だったのかもしれません。

このチャネリング情報にのっとって、2016～2017年と2年連続で島根県の潜戸で供養を行いました。これは「日本列島祈りの旅」の中でも最も重い祈りになりました。チャネリング情報通りに、愛媛天外塾の主催者、増田かおりさんが、シャーマン役を引き受けてくれました。

「日本列島祈りの旅」では、旅ごとにチャネラーが入れ替わります。どうやら、それぞれに役割があり、役割が終わると必ず次の人が現れて交代するのです。

その交代がとてもスムーズなので驚かされます。やはり、どこかでシナリオを書いている人がおり、私たちはたんに舞台の上でそのシナリオ通りに演じているだけなのかもしれません。

供養はふたつの洞窟から始まった

イズモ族の供養の担当チャネラーは、出雲在住のAさんです。Aさんのところには、オオクニヌシ、コトシロヌシの霊が頻繁に訪れ、「こんな冷たいところから、早く出たい！」と訴えていたそうです。

オオクニヌシもコトシロヌシも、多くの神社で祭られており、そこで拝むと神として の姿で現れる……霊感のある人には見えるようです。これは、仏教でいえば成仏した姿 です。それと、成仏していない地縛霊としてAさんに訴えてくる、というのはちょっと 矛盾しているようにも感じられます。

よくわかりませんが、生身の身体は分割すると少なくとも片方は死にますが、霊魂は 神と地縛霊に分割したまま存在できるのかもしれません。

このAさんのチャネリング情報と、出雲王家の伝承でオオクニヌシ、コトシロヌシが それぞれ猪目洞窟、静の岩屋に幽閉されて殺されたことを知り、イズモ族の供養はその ふたつの洞窟の前での祈りからスタートすることにしました。

2021年3月27日（土）、28日（日）と、下見のためにそのふたつの洞窟を訪れました。 その直後に、Aさんに驚くべき情報が降りてきました。情報の主は、徐福でもホヒでも タケヒナドリでもなかったのですが、一族の幹部のようで、とても貫禄のある方だった そうです。

チャネリング情報③：
2021年4月11日@島根県出雲市　by　出雲のAさん

「私たちは、秦国から一族を連れて逃れてきたのが本心です。当時イズモ族の部族は鉄器の交易で栄え同族で争いがあった。渡来者とイズモ族の小さな争いや衝突はいくつもあった。

イズモ族は渡来した青少年たちを奴隷のように労働させた。オオクニヌシ、とコトシロヌシの殺害は渡来者の青年たちの不満から生まれた反乱だった。しかしながら、青年たちが一方的に悪かったとはいいがたく、イズモ族側にも非があった。

徐福様やホヒ様が最初からイズモ族を滅ぼすつもりで渡来したのではない。日本に来るには始皇帝の許可が必須だった。しかし始皇帝もイズモ族を滅ぼしてくるように徐福に命令したわけではない。

始皇帝はオオクニヌシに秦国から姫を送って親交を保っていた。オオクニヌシの宮中には秦国の姫がいた。

ホヒ様はオオクニヌシやイズモ族のためにハタ織物や文字や様々な穀物や水田の開発の技術者、文明の利器、秦国の文化を出雲にもたらし、イズモ族のために働いていた。渡来した青年、少年たちは出雲の急速な文明の発展の犠牲になって働かされた。渡来者とイズモ族の小さな争いがいくつもあった。徐福様もホヒ様もそれをいたく心配されていた。

オオクニヌシとコトシロヌシの殺害は、イズモ族とホヒ一族にとって不幸なことになってしまったが、徐福様もホヒ様も望んでいたことではない。この事件が大きな怨念として残ってしまったが、イズモ族とホヒ一族が何とか和解できるように願っている。私たちは、東の海の中にある理想の国、蓬莱国に希望を抱いて渡来したのです。

この国のオオクニヌシ様は、それはそれは素晴らしいお方でした。」

民族の分断を深めた理由とは？

ここで、秦の始皇帝がオオクニヌシに姫を贈っていた、というのは出雲王家の伝承にもないびっくり情報です（この後のチャネリングで、これは秦の始皇帝の女官でスセリ姫であることが判明、エピローグ参照）。もしこれが本当なら、秦と出雲王朝をめぐる関係性の歴史は抜本的に見直さなければいけないでしょう。

出雲王朝そのものが隠蔽されている中で、出雲王家の伝承にも含まれていない古代史をどうやって発掘したらいいのかはわかりませんが、オオクニヌシの政治と外交は、いま伝えられているよりもはるかにスケールが大きかった可能性があります。

また、秦の始皇帝が出雲王朝に姫を贈るほど親密なら、日本の情報は十分に把握していたはずです。未知の蓬莱（日本）に不老不死の薬を取りに行く、といって徐福が秦の始皇帝を騙した、とする定説は嘘くさいですね。

2章で書いた、**徐福と秦の始皇帝はつるんでいた**、という仮説①は、このチャネリング情報を聞く前に立てておりましたが、これで裏付けられた、という感があります。

3章で述べたオオクニヌシとコトシロヌシの殺害が**海童たちの暴発だった**とする説は、このチャネリング情報がベースになっています。3章で書いた理由は、確かに後付けですが、論理的に考えてもこの通りではないかと思われます。徐福やホヒが計画したにしては、あまりにもずさんな殺人事件だったからです。

一般の日本人にとって、『古事記』の国譲りが史実からかけ離れたまったくでたらめなストーリーであり、オオクニヌシとコトシロヌシが洞窟に幽閉されて殺された、ということだけでも大ショックでしょう。それが、出雲王家に伝わる伝承です。

本書では、さらにその出雲王家の伝承も正確ではなく、殺人は海童たちの暴発事件だったと断じております。さらにその背後に、イズモ族に大変な迫害を受けてきた先住民族の怨念があったと推定しています。

もちろん、約2200年前の事件をいまさら正確に捜査して記述することは無理であり、すべては推定にしかすぎません。

出雲王家の伝承は、表に出てきたのはごく最近であり、それまで秘かに関係者だけに伝わってきました。それでも、２０００年以上にわたって徐福、ホヒ、タケヒナドリを悪者として恨み続けてきた、ということは民族の分断を深める結果につながったと思います。

天外は、日本という国、あるいは日本人という民族がいつの日か恒久的な世界平和をもたらす働きをするための礎造りに貢献するだろうと信じております。そのためには、目に見えないところも含めて封印されてきた怨念を開放し、まずは日本国内における民族間の分断を解消することが必須です。その、はるかに遠い目的に向かって本書を書いております。

6 日本列島祈りの旅

なぜ怨念を開放する旅が始まったのか？

すでに何度か触れたように、天外は日本各地に封印されている虐殺された先住民の怨念を開放する、という旅を2016年から続けております（文献［5］［6］）。その過去の経緯の概略と、それがイズモ族の供養につながっていくお話を紹介しましょう。

2012年にインディアンのヴィジョン・クエストという儀式を、6人の仲間と共に岐阜の洞戸というところで行いました。寝袋だけを持って、それぞれが人里離れた山の中で結界を張り、3日間断食するのです。

それをサポートしてくれた神職から、昔日本中に住んでいたアイヌ族をヤマト族が虐殺を重ねて北海道まで追い上げてきたと聞きました。その怨念を封印した場所には、神社が建っているか、「戸」という字の地名（神戸、水戸など）がついている、というのです。これはどうやら、チャネリングで降ろされた情報のようでした。ヴィジョン・クエストを実行した洞戸という地名にも「戸」という字がついています。

2014年には、かつてユダヤの一支部族が来て秘宝（アーク）を埋めたという噂のある剣山（2章）に真言宗の僧侶、口羽《くちば》和尚と共に登り、一種の啓示を受けました。私が虐殺されたアイヌの怨念を開放する旅を始める、という内容です。

とても安易に受け入れられるような啓示ではなかったのですが、悶々《もんもん》と悩みながら下山し、リフト乗り場に着くころには観念して受け入れました。数日経ってから、2年後の2016年から、その旅を始める、と宣言しました。

北海道新冠町判官岬《にいかっぷちょうはんがんみさき》は、かつては松前藩の館があり、アイヌの英雄シャクシャインが和平の宴席で毒殺された場所です。また、アイヌを助けた日本人通訳、越後庄太夫が生きたまま火炙りになった場所でもあります。

2016年5月29日、この場所で口羽和尚とアイヌの女性長老アシリ・レラさん、そして約50名の仲間と共に、その2人の供養の祈りを捧げました。驚いたことに、アイヌが熱心に祈っても上がらなかった2人の御霊が、この供養で347年ぶりに首尾よく上がりました。

その直後に、口羽和尚から彼の島根県のお寺、延命寺で私のパイプセレモニーをやってくれという依頼を受けました。どうせ島根県で祈るのなら、翌日はイズモ族の供養をしたいね、ということでイズモ族の女性長老を探しているときに、TyaTyaのチャネリング情報②により、出雲王朝よりはるか昔に島根県潜戸で虐殺された姫とその一族の供養に変わった話は1章と5章で述べました（文献［6］）。供養は2016年、2017年と2年にわたりましたが、首尾よく多くの御霊が上がってくれました。

出雲のチャネラーAさんによると、このときクナト姫と一緒に虐殺された一族は、イズモ族が島根に来る前からそこに住んでいた民族だそうです。そして、イズモ族がその先住民族を激しく迫害していたことがわかりました。

「日本列島祈りの旅」はその後、青森、岩手、さらに北海道に戻って函館近辺と進みました。２０２０年には秋田を予定しましたが、アイヌの伝承でもどこで祈ったらよいかわからず迷っているときに新型コロナが襲来し、急遽中止にいたしました。

２０２１年には、吉岡敏朗監督に撮っていただいていた記録映画『日本列島祈りの旅』が完成し、コロナ禍の中、日本全国で上映会が開かれました。

その間文献［2］を入手し、1、2、3章で述べたような出雲王朝の真相を知り、２０２１年からはイズモ族の供養に変更する決心をいたしました。

２０１６年当初は、アイヌ民族だけを対象にしていたのですが、その後日本列島には様々な民族が渡来しているのがわかり、祈りの対象は限りなく広がりました。

２０１７年（青森）、２０１８年（岩手）は初代征夷大将軍・坂上田村麻呂と戦った蝦夷の英雄たちの供養をいたしました。アイヌの伝承では蝦夷はアイヌ族だということで、そのつもりで供養しました。しかしながら、出雲王家の伝承では蝦夷はイズモ族だといいます。場合によっては、青森、岩手に関しては、もう一度やり直す必要があるかもしれません。

青森に行くとき、ＴｙａＴｙａのチャネリング①で、日本語で「アサヒ」という意味の名前の謎のお姫様の供養をいたしました（1章）。

アイヌの伝承では、それは大陸から来たアソベ族のベケレマツというお姫様だろうということで、その名でお祈りをしましたが、ベケレマツとチャネリングで出てきたお姫様が同一人物かどうかはわかりません。残念ながら、これに関するチャネリング情報はその後、降りてきません。

もし、このお姫様がイズモ族だったとしたら、もう一度供養をやり直す必要があるでしょう。

霊界に大きなインパクトを与えた下見の旅

２０２０年2月4日、新型コロナウイルスの感染者が出たダイヤモンド・プリンセス号が港に入れず、横浜沖に停泊している中、東出雲王家の末裔、富尊彦（斎木雲州）さんにお会いできました。来年からイズモ族の供養をしたいのでご協力いただけないか、という打診をしましたが、まだとても用心深く対処しておられるようで、突然飛び込んだ我々には十分には心を開いていただけませんでした。それでも、とても貴重な情報をいくつかいただけました。

8月25日、鎌倉・稲村ケ崎の桐島洋子邸で、翌年のイズモ族の供養のプレイベントを開催しました。出雲王家の協力が得られないので、パイプセレモニーで情報が取れないかという試みです。亭田歩《ていだあゆむ》、Ｐｉｃｏ、ＴｙａＴｙａ、伊藤由美子など、いままで「日本列島祈りの旅」でご一緒したチャネラーたちに集まっていただきました。富尊彦さんには電話でお言葉をいただきました。

オオクニヌシが殺された猪目洞窟、コトシロヌシが殺された静の岩屋の前で供養の祈りをすることとし、チャネラーたちに情報を降ろしていただきました。チャネラーたちは一様に、その祈りはとても大切で、重い祈りになるだろうとのことでした。それに関連して、琵琶湖付近に供養が必要な場所がある、といわれました。

しかしながら、このチャネラーたちは誰一人その供養には参加しないと言われました。どうやら、またチャネラーが交代するようでした。

富尊彦さんから、出雲王家の歴史を研究している郷土史家を紹介され、その方を通じて出雲のチャネラーAさんに行き当たりました。Aさんのとても重要なチャネリング情報を5章に載せました。

2021年3月27日（土）、チャネラーAさんにお会いするために出雲に向かい、猪目洞窟の下見をしました。その夜寝ていると、天外の口が、突然オオクニヌシに対する祈りの言葉を、かなり大きな声で唱え始めました。

こんなことは初めてなので驚いていると、こんどは勝手に宇宙語とおぼしき言葉が出てきました。意味は全然わかりません。これは、成り行きに任せるより仕方がないと、喋るにまかせていると、最後に「スメーラ・ビーラ」というマントラをしつこいほど唱えて終わりました。のちにＴｙａＴｙａに確認しましたが、彼女の知っている宇宙語ではありませんでした。自分が自分ではないような、何者かに乗っ取られたようなおかしな感覚でした。

翌28日（日）は、コトシロヌシが閉じ込められたという粟島の静の岩屋の下見をしました。その夜に、Ａさんのもとにホヒの息子のタケヒナドリの霊が降りてきて、怒っていろいろと文句をいったようです。詳細な言葉は聞いておりません。

いずれにしても、私たちは、たんなる下見のつもりだったのですが、霊界には相当に大きなインパクトを与えたようです。

３月31日には、イズモ族が渡来する以前に内神社のあたりに住んでいた先住民の霊がＡさんに降りてきて、いかにイズモ族から迫害を受けたかを訴えました。

翌４月１日、加賀の潜戸で大火災が起きました（次々頁の資料参照）。死者は出ませんでしたが、多くの家屋が焼け、山火事にもなり、全国に報道されました。

その夜に、前日の先住民の霊がAさんに降りてきて、この火事が先住民の怒りだ、と伝えたそうです。

チャネリング情報④：
@島根県出雲市　by　出雲のAさん

2021年3月31日：私たちは、イズモ族が到来する前からここに住んでいた。イズモ族に居留地を奪われ、大変な迫害を受けてきた。その恨みは代々引き継がれており、イズモ族の皆が心から謝らなければ、とても許すことはできない！

2021年4月1日：今日の大火事は、昨日にお伝えした先住民の怒りが、いかに激しく、また本当であることを皆さんに知っていただくために起こした。

「風の通り道」甚大な被害　松江市島根町の大規模火災、住民「一瞬で何もできず」【動画】

地域　社会　島根　事件・事故　火災　出雲　　2021/4/2 （最終更新: 2021/4/3）

クリップ済み

松江市島根町加賀の漁港近くで１日夕に発生し民家１５棟を全焼した火災は、民家から出た火が強風にあおられて瞬く間に燃え広がり、２１世帯４７人が自宅を失う甚大な被害を招いた。木造住宅が密集して立ち並ぶ港町。日本海や山に囲まれ、住民たちは風の通り道になりやすい地形だと証言する。「あっという間に燃え移った」「何もできなかった」と肩を落とした。

民家１５棟が全焼した火災から一夜明けた現場（２日午前１０時３５分、松江市島根町加賀）

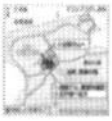

火災の発生は１日午後５時前。「爆発音のような大きな音だった」。近くの７０代漁師男性は、民家から音を立てて火が上がり、黒煙が立ち上るのを目撃した。

火災現場の西側に住む自営業の佐藤一孝さん（５９）が外に出て確認すると、火が南東の強風にあおられ、木造の小屋に燃え移ったという。「風がものすごく強くて一瞬。消火活動をする時間もなく、ただ見ることしかできなかった」と思い返す。「３０分もたたないうちに一帯が火の海」と複数人が証言。さらに火の粉が飛び散る形で北部の山も燃え上がり、大半の約２千平方メートルを焼き続けた。

１日の松江市内は、正午ごろに最大瞬間風速１６・５メートルを記録し、強風注意報が出ていた。集落は日本海に面し、南北には山がそびえ立つ地形。佐藤さんは「普段から海風が吹き抜ける場所」と説明する。

平たんな土地の少ない港町で、狭い敷地に木造の民家の壁が接するように建つ密集地。火災の鎮火は、発生から約２２時間後の２日午後３時だった。松江署と市消防本部は火元は捜査中としつつ、住宅から出火したとの目撃証言を確認している。

現場では深夜にかけて猛火と黒煙が辺りを覆い、消防車などのサイレンが響き渡った。ぼうぜんと立ち尽くすしかなかったという住民たち。自宅が全焼した教諭の小川純也さん（４７）は「火事を知って急いで家に帰ったが、燃えて屋根が崩れ落ちてしまった。家族は無事だったので、これからのことを考えないといけない」と話した。（高橋良輔、寺本菜摘）

中國新聞デジタル版 2021 年 4 月 2 日掲載より

出雲王家の伝承だけを追っかけていると、問題はイズモ族と徐福やホヒなどの渡来系との間の葛藤のように見えますが、どうやらその前にイズモ族と、以前から出雲地方にいた先住民族との大きな葛藤が横たわっており、それが大きな障害になっていたようです。そこをしっかり供養しないと、なかなかイズモ族の供養までたどり着けないことがわかりました。

2016年にクナト姫の供養に向かうとき、TyaTyaのチャネリングで「この潜戸の虐殺事件の供養が、日本列島祈りの旅全体のカギを握る」といわれた意味がようやくわかりました（1章、5章、6章）。潜戸では、2016年、2017年と丁寧に供養したつもりですが、まだ先住民サイドの怨念は十分には解消できていないようです。

あとからわかったのは、先住民の怨念はイズモ族からの謝罪がないとほどけないようなのです。

以前からAさんは、はるか昔にモーゼと一緒にエジプトを脱出したメンバー（旧約聖書）の魂が、出雲地方に大勢再生してきていることに気づいておりました。その延長上に、出雲王朝の初代国王、八耳王（1章）は、ダビデ王の生まれ変わりだ、と推定しておられます。

出雲王朝だけでも驚愕のストーリーなのに、その背後にユダヤとの関係の壮大なストーリーが横たわっているのでしょうか?

ダビデ王は、神の声を聴くことができたけど、八耳王も同じだったそうです。出雲王家の伝承では、「八耳」というのは多くの人の声をよく聞いたからついた名だということですが、神の声が聞こえたためについた名かもしれません。

4月9日には、八耳王に滅ぼされた広島の先住民と、ダビデ王の正室と側室の霊が降りてきました。八耳王の正室と側室はダビデ王の正室、側室の生まれ替わりだそうです。

7 猪目洞窟、静の岩屋の前での祈り

オオクニヌシを癒す猪目洞窟での祈り

２０２１年5月22日、私たちは車軸を流すような豪雨の中を出雲空港に降り立ちました。この日、オオクニヌシが幽閉されて殺害された猪目洞窟で祈りを捧げるために、現地合流４名を合わせて31名の仲間が集まりました。

１時間後には祈らなくてはなりません。普通なら、豪雨の中でお祈りをすることを心配すると思いますが、私たちには、この豪雨も天の采配であることがわかっておりました。

先住民の祈りの儀式や大きなお祈りをする前に、豪雨に見舞われることは頻繁に起きます。浄化の雨があると、これからの祈りの重さがわかり、身が引き締まります。天の采配である証拠は、祈りが始まる時間になると、豪雨がピタリとやむことでわかります。

一般常識にとらわれておられる方には、とても信じられないかもしれませんが、先住民の儀式や、真剣な祈りの儀式が天候とシンクロすることは珍しくはありません（文献［10］）。

バスが猪目洞窟に到着すると案の定、豪雨はピタリとやみました。元東京大学の研究者で、いまは出雲で椿の栽培をしておられる志賀厚雄さんは、この「祈りの旅」に最初からかかわっていただいておりますが、猪目洞窟のすぐそばに住んでおられます。その関係で、地元の漁師さんたちと話をつけ、ここで火を焚いてお祈りをすることの許可を得ておりました。

地元には「神楽保存会」という組織があり、毎年神楽を上演します。たまたま、翌日の23日がその上演日に当たっており、幹部が全員揃っている中でご挨拶が出来ました。

一般には、スサノオがヤマタノオロチを退治する、というヤマト朝廷よりのストーリーで演じられる神楽が多いのですが、ここでは山に住むスサノオを彷彿される荒神が剣を民衆に引き渡し、かわりに御幣を受け取って民衆の守り神に変身する、という特殊なストーリーが語られるようでした。

猪目洞窟の前で焚火を焚き、全員にU字型に並んでいただきました。普通「パイプセレモニー」というインディアンの祈りの儀式では円形に並ぶのですが、猪目洞窟の中にオオクニヌシの霊がおられると仮定し、それを迎え入れるように人の環を閉じなかったのです。

パイプセレモニーでは、まずアワビの貝殻の上でホワイトセイジ（インディアンの香木）を焚き、それを回して全員を煙で浄化します。その間に、パイプセレモニーのいわれや今日の祈りの意義についてお話しします。

その後、パイプにタバコを詰め、全員で瞑想に入ります。この瞑想のところは、私のオリジナルであり、全員の意識（無意識）レベルが整うことにより、地縛霊に対するアクセスが容易になるという工夫です。

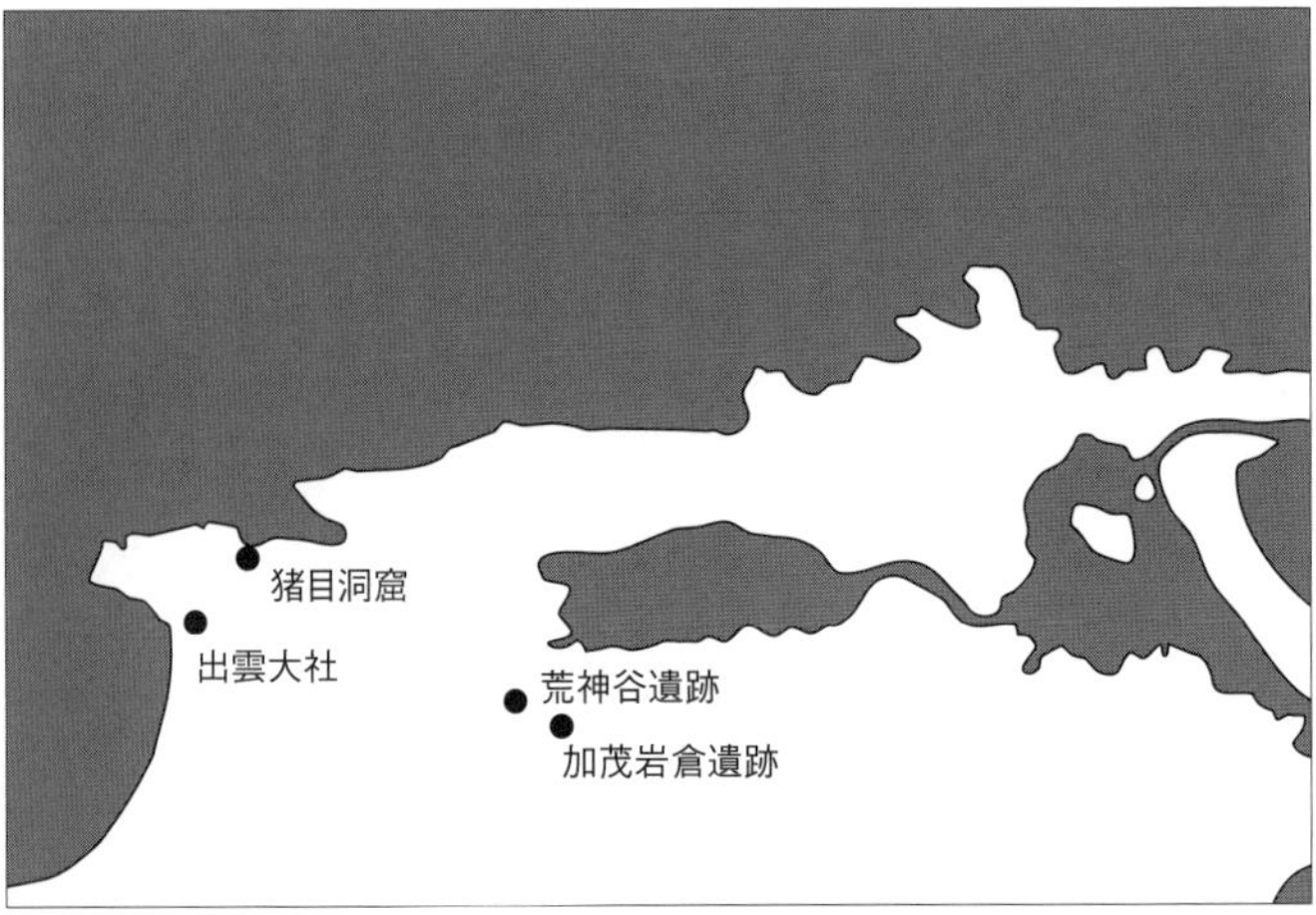

出雲大社、猪目洞窟、荒神谷遺跡、加茂岩倉遺跡の位置関係

じつは、この時点で私に入っていた情報は5章で紹介したAさんのチャネリング情報③だけでした。6章で述べた下見に行ったあとに降りてきた、イズモ族が渡来する前から出雲地方にいた先住民の怨念、4月1日に大火事が起きたことなど（チャネリング情報④⑤）は、この旅が終わった6月14日付のお手紙でAさんからお聞きしました。

したがって、この日の祈りはオオクニヌシやイズモ族の怒りや怨念、殺人を実行した犯人たちへの許しと供養に焦点を当てました。これは、順番としては良かったと思われます。先住民に対する祈りはオオクニヌシ、コトシロヌシにもお手伝いいただく形で2022年に持ち越されました。

私のパイプセレモニーの祈りは、モホーク族の祈りの言葉から始まります。インディアン固有の言い回しがあり、すべての動物、すべての植物、すべての鉱物に語りかけます（8章、エピローグ）。

この日は、主としてオオクニヌシの霊に語りかけました。突然幽閉され殺害された恨み、恐怖、怒りに寄り添い、その後、出雲王朝が歴史から抹殺された無念さを受け取り、これから私たちの手で世の中に情報を広めていくことを約束し、怨念を手放して、光の国へ帰っていただくように説きました。

そして、これはオオクニヌシ個人の問題ではなく、イズモ族とヤマト族の民族間のわだかまりを解き、日本民族の子孫の繁栄のためにすべての民族が手を取り合って貢献していくことを願いました。

さらには、今度は殺人を実行した犯人たちの霊に祈り、罪の意識を手放し、許しを請うて光の国に帰るように説きました。これは、２０１７年に気付いたことですが、それまでは虐殺された方ばかり注目していたのですが、じつは虐殺したほうの霊も上がっていないのです。それからは丁重に両サイドに対して祈るようにしております。

祈りが終わると、通常ならパイプに火をつけて回し飲みをします。2021年5月はまだ新型コロナ大流行の真っ最中、パイプに口をつけて回し飲みというのは、はばかられました。そこで、天外が一口ずつ吸ってパイプを肩に当てる、という形式に変更しました。

パイプが回っている間、口羽和尚のドラムで般若心経を全員で唱え、そのリズムに乗って高知の舞姫、大村憲子さんなど3名の舞姫が奉納舞を捧げます。古代の怨念の封印を解くときに奉納舞がとても有効なことは2016年から実証済みです。

Aさんをはじめ何人かのチャネラーたちは、オオクニヌシの霊が用心深く洞窟の奥に現れたのを見ておりました。奉納舞が始まると、次第に洞窟の入り口付近まで出てきて、ニコニコして坐って舞を見ていたそうです。その様子をAさんが絵に描いてくれました。

猪目洞窟で奉納舞をニコニコ笑って見学するオオクニヌシ（Aさん画）。2021 年5月 22 日

パイプセレモニーが終わると、今度は口羽和尚による施餓鬼《せがき》供養《くよう》です。おにぎりや様々なご馳走が洞窟の前に並べられ、お経が唱えられます。すると、海の方から大勢の子どもたちの霊が上がってきて、洞窟の奥に坐ってご馳走をむしゃむしゃと食べたそうです。参加者の中には、たんなる光が上がってきたとしか見えなかった人もいましたが、Aさんは様々な服装をした子どもたちが約30人上がってきた、とはっきり見えたようです。

チャネリング情報⑤
@出雲　by　Aさん、2021年5月22日

今日のセレモニーに日本各地から集まった27人は、2200年前、オオクニヌシの時代に出雲王国に住んでいた人たちの生まれ変わりです。出雲の神々が「当時を知っている人たちが集まった」、「今日天外さんが来てオオクニヌシが姿を現すということは以前から天上で計画されていたことです」と話しておられました。

舞姫に憑依したコトシロヌシの叫び

翌5月23日、今度はコトシロヌシが幽閉され殺害された粟島の静の岩屋で祈りを捧げました。粟島は、いまは陸続きになっておりますが当時は島だったようです。小高い丘

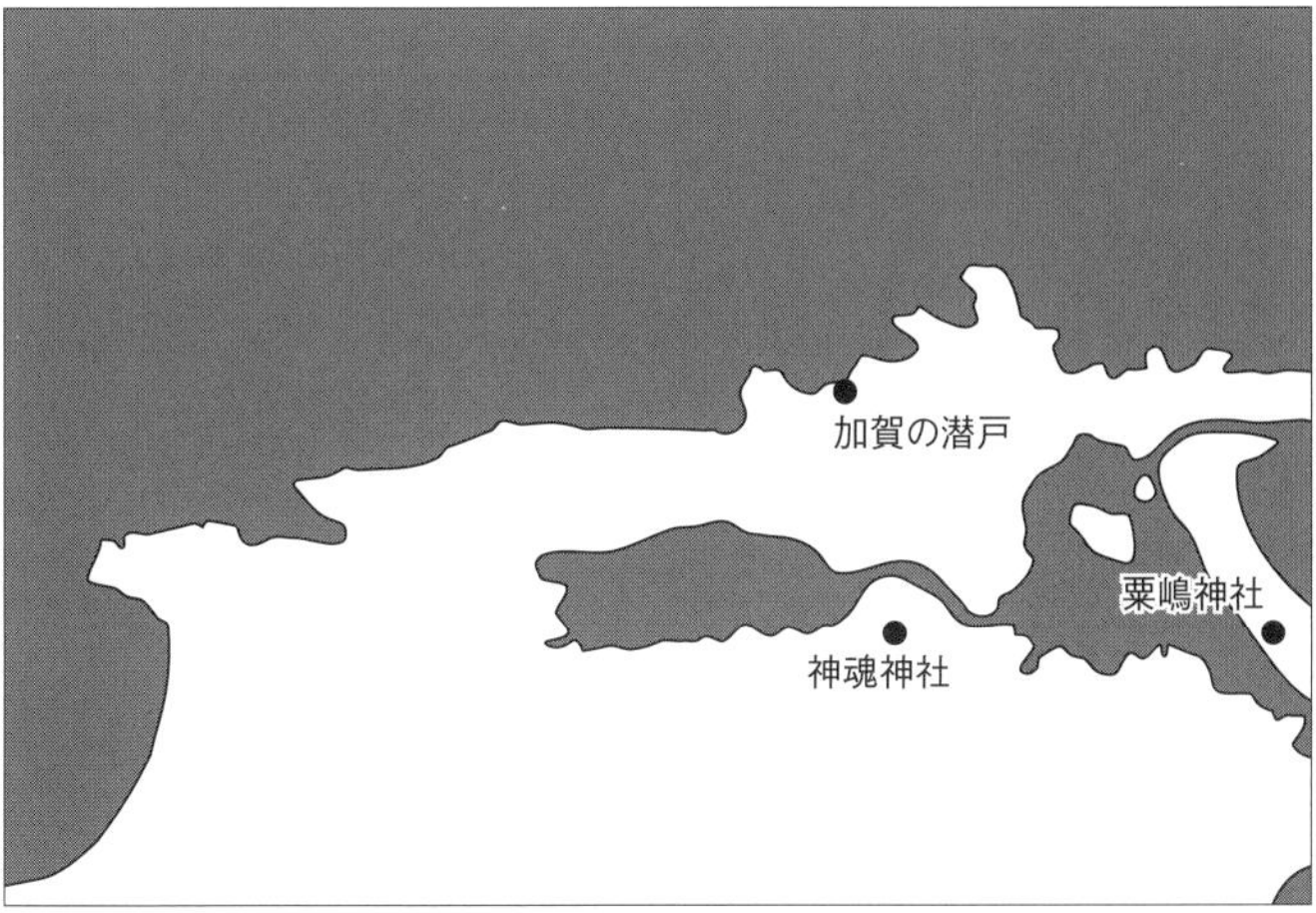

粟嶋神社、神魂神社、加賀の潜戸の位置関係

の上に粟嶋神社が建っており、コトシロヌシが祭られております。

前日と同じようにパイプセレモニーを行って、奉納舞が始まりました。ここでチャネラーのAさんが驚愕する出来事が起きました。舞姫の大村憲子さんが毒を盛られてのたうち回って死んでゆく様子を舞い始めたからです。

じつはAさんには、コトシロヌシが毒殺されたというチャネリング情報が以前に入っていたのでした。それは出雲王家の伝承にもなく、Aさん以外は誰も知りません。もちろん私たちも、大村憲子もその情報を知っているはずはないのです。

にもかかわらず、彼女がそういう表現を始

めたということはコトシロヌシの霊が乗り移ったとしか考えられません。

２０１７年に青森でベケレマツに対する奉納舞を舞ったときも、ベケレマツの霊が大村憲子に憑依してアシリ・レラさんがあわててそれを払う、という事件がありました。大村憲子というのは、たんに舞の名手なのではなく、このように霊界に通じる舞ができる人のようなのです。

奉納舞は毒殺の苦しみから、次第に復活と再生が表現され、最後にはよろこびの舞に変わりました。同時に３人の舞姫は自分たちだけでなく参加者全員に踊るように誘いました。

大村憲子が連れてきた３人のミュージシャンが笛やギターを奏で、口羽和尚の般若心経と共にとても賑やかになる中、老若男女、多くの人がそれぞれの振り付けで踊り始めました。すると……それまで３人の舞姫の奉納舞をニコニコと見ていたコトシロヌシの霊が洞窟から出てきてみんなと一緒に踊り始めました。

その様子をＡさんが絵に描いてくれました。

参加者と一緒に踊り始めたコトシロヌシ（A さん画）
@静の岩屋、2021 年 5 月 23 日

チャネリング情報⑥：

＠出雲　by　Aさん、2021年5月23日

本日のセレモニーにコトシロヌシを殺害した実行犯の青年数人が参加し、自分たちも天国に帰れるといわれて供養を受けました。悪いことをしたと悔やんでいる、とのことです。

天上でも出雲の神々が、この慰霊のセレモニーを見て、「有難いことです」と大変喜ばれました。

チャネリング情報⑦：

＠出雲　by　Aさん、2021年5月26日

コトシロヌシが洞窟から出てきてみんなと一緒に踊った様子を絵にかいたところ（上記）、コトシロヌシが降りてきて、その絵を喜ばれました。

コトシロヌシ『私は、鯛を抱いた姿や釣竿を持った姿で描かれることが多かったが、今日描いていただいた踊っている姿が、いままでで一番気に入りました。これから粟嶋神社をコトシロヌシ「受難」、「復活」、「再生の喜び」、「発展」の神社としてお参りしてほしい』

コトシロヌシ「私やオオクニヌシが2200年前に受難することは前もって決められていたことです。そして歴史に刻まれるようになっておりました。この度のオオクニヌシとコトシロヌシの慰霊のセレモニーに天外さんとあなた方が参加することも決められていたことです。そして私が踊る姿を見せることも決められていました。2200年前に地上で生きていたオオクニヌシとコトシロヌシが復活し、コトシロヌシが踊って喜びを表現したことを皆さんに知らせてください」

また、Aさんはこの度の供養でオオクニヌシやイズモ族にとっては都合の悪い証言が出てきたことを心配されていましたが、オオクニヌシからは「日本が良くなれば、私がどう伝えられてもかまわない」というメッセージを受け取ったそうです。

さて、前述のように、粟島には粟嶋神社があり、コトシロヌシが祭られております。23日のセレモニーに先立って、安江禎晃宮司さんにはお手紙を差し上げ、パイプセレモニーをする御許可と、それにご出席いただけないか、終わった後に今度は神社で神事をしていただけないか、とお願いしておりました。しかしながら、宮司さんは出雲王家の伝承はご存じなく、『古事記』『日本書紀』をベースにすべてを考えておられたため、まったく話が通じませんでした。

ところが、当日になると、パイプセレモニーに最初から最後まで立ち会っていただけました。おそらく宮司さんにもコトシロヌシの霊が踊っている姿が見えたのではないかと思いますが、その後に神社での神事もやっていただけることになりました。その間、僅か10分間くらいの間に「日本列島祈りの旅祝詞」を書きあげられ、奏上されました。

それが、あまりにも鮮やかで、見事だったので一同大感激いたしました。

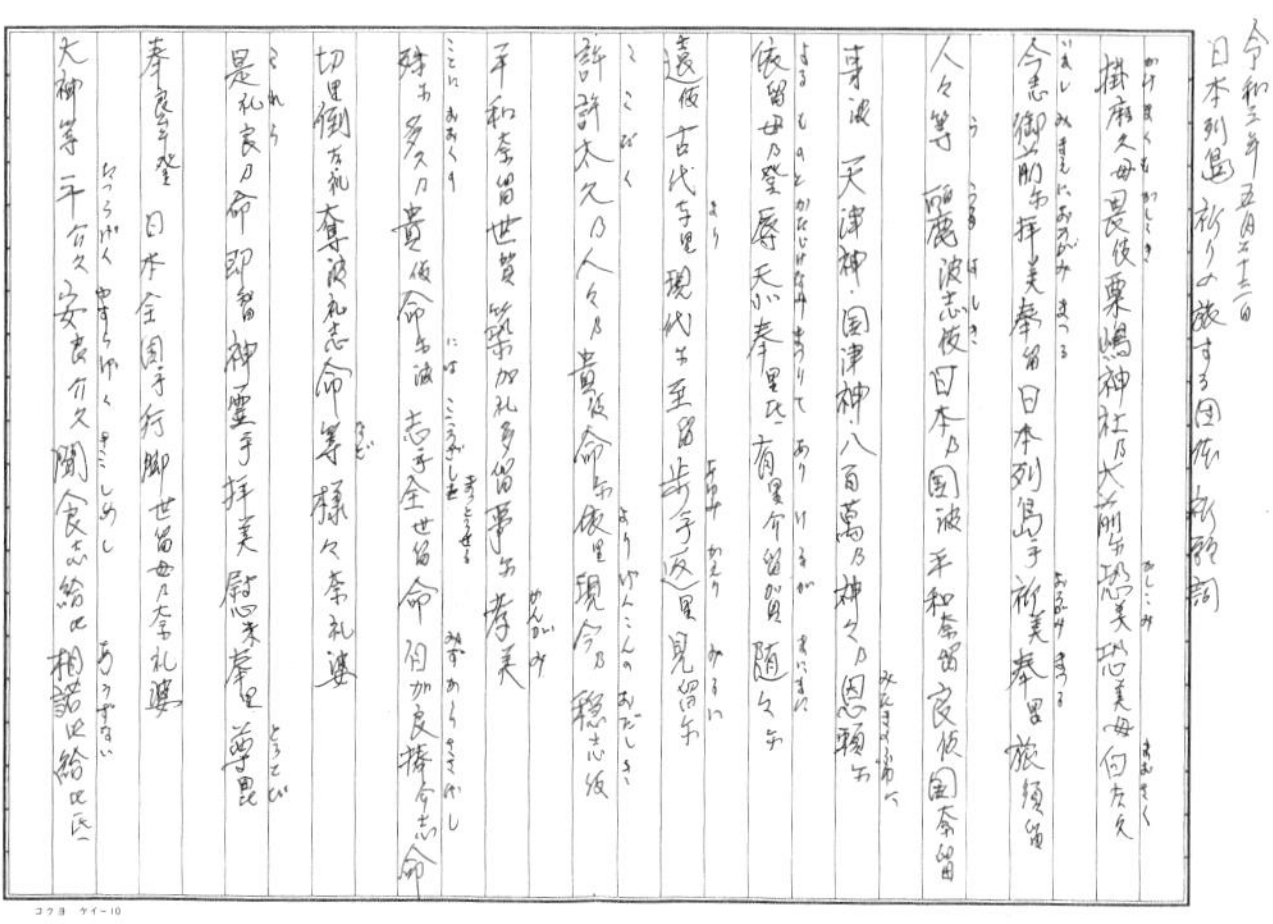
令和三年五月二十三日
日本列島祈りの旅する団体祝詞
掛麻久母畏伎粟嶋神社乃大前尓恐美恐美母白左久
今志御前尓拝美奉留日本列島乎祈美奉里旅須留
人々等麗波志伎日本乃国波平和奈留良伎国奈留
事波天津神・国津神八百萬乃神々乃恩頼尓
依留母乃登辱美奉里氐有里奈留賀随々尓
遠伎古代与里現代尓至留歩乎返里見留尓
許許太久乃人々乃貴伎命尓依里現今乃穏志伎
平和奈留世賀築加礼多留事尓孝美
殊尓多久乃貴伎命尓波志乎全世留命乎加良捧今志命
切里倒左礼奪波礼志命等様々奈礼婆
是礼良乃命即留神霊乎拝美慰米奉里尊毘
奉良牟登日本全国乎行脚世留母乃奈礼婆
大神等一千奈久安良奈久聞食志給比相諾比給比氐

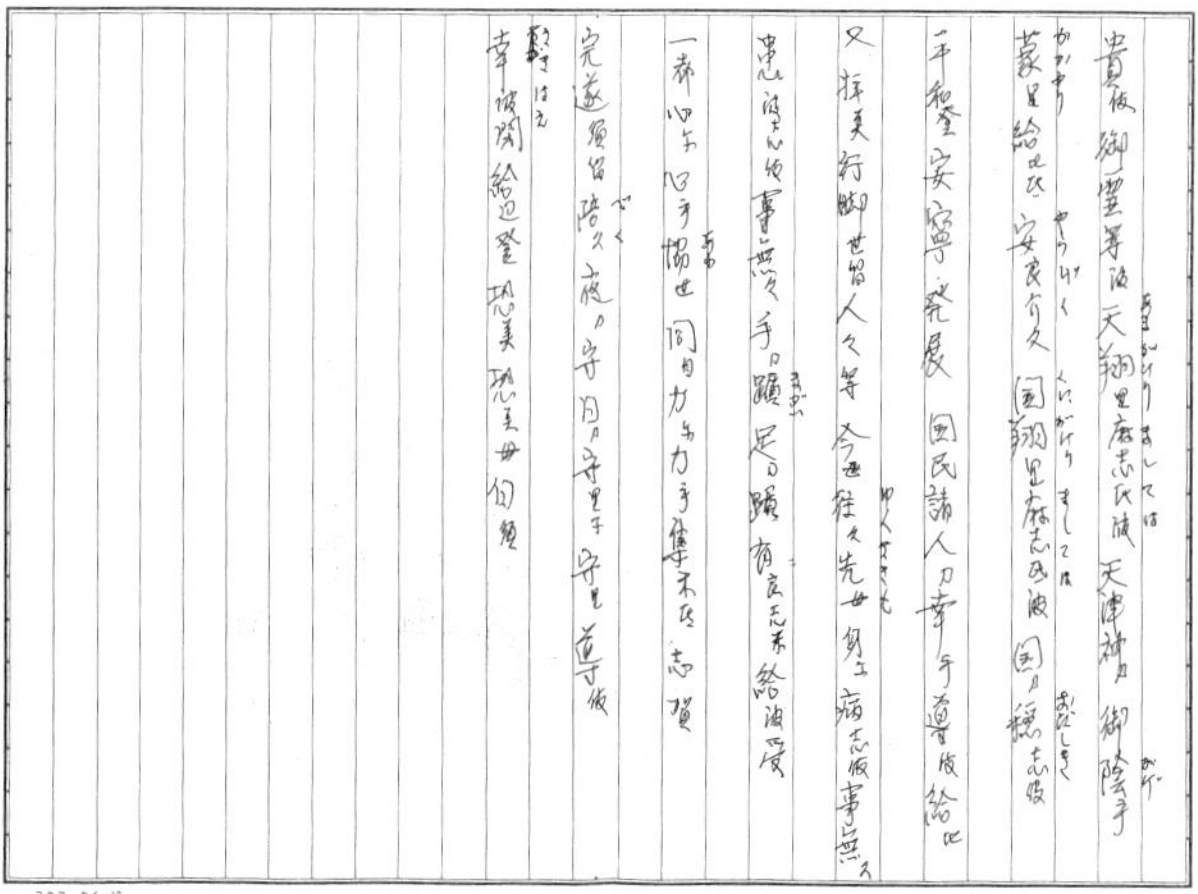
貴伎御霊等波天翔里座志氐波天津神乃御陰乎
蒙里給比氐安良奈久国翔里座志波国乃穏志伎
平和安寧発展国民諸人乃幸乎導伎給比
又拝美行脚世留人々等今西往々先母身乃病志伎事無久
患波志伎事無久手乃躓足乃躓有良志米給波受
一部心尓心乎協世同力尓力乎集米氐志
完遂須留路久夜乃守日乃守里乎守里導伎
幸波閉給閉登恐美恐美母白須

粟嶋神社、安江禎晃宮司による「日本列島祈りの旅の祝詞」、2021年5月23日

8　オオクニヌシ、コトシロヌシに謝罪をお願いする祈り

出雲先住民に対するパイプセレモニー

「日本列島祈りの旅」全体にとって、潜戸で虐殺されたクナト姫と一族の供養がカギになる、というＴｙａＴｙａのチャネリング情報②（1章、5章、6章）が、Ａさんによるチャネリング情報④（Ｐ141、6章）で裏付けられました。

どうやら、イズモ族が出雲地方にくる以前にそこに住んでいた先住民族は、イズモ族に追い出され、大変な迫害を受けてきたようなのです。

２０１６年、２０１７年の２年にわたって、潜戸ではちょっと重い供養をいたしましたが、少なくとも２０２１年４月１日時点では先住民全体としての怨念は解消されておらず、潜戸で大火事を起こすほど激しい表現がとられました。

２０２１年５月22日、23日の猪目洞窟、静の岩屋での祈りの時点では、天外にはこの情報は入っておらず、出雲の先住民に対する供養は、２０２２年に持ち越されました。

これは、順番としては大正解であり、２０２１年の祈りのお陰で、２０２２年はオオクニヌシ、コトシロヌシに降りてきていただき、先住民に対する謝罪をしていただく、という怖れ多い祈りを実行できました。

出雲地方の先住民全般の怨念を解消するためには、どうしてもイズモ族の関与が必要だったようです。

２０２２年５月14日、日本列島太平洋側は梅雨前線の影響で豪雨でしたが、出雲は快晴。昨年と同じく、日本全国から44名が集まり、現地参加３名を加えて猪目洞窟に向かいました。次頁に私のパイプの祈りを掲載します。オオクニヌシにまず降りてきていただいて、先住民に謝罪していただくという怖れ多い祈りです。

先住民に対するパイプの祈り、２０２２年5月14日、@猪目洞窟、ｂｙ　天外伺朗

シャンクワイヤ・ティーゾン（創造主）
ニャウェン・コーワ（大いなる感謝）
スコナ・コーワ（大いなる平和）
コナルンクルワ・コーワ（大いなる愛）
（注：モホーク族の基本の祈り。これを3回繰り返す）

創造主よ
いまここで　あなたの子どもたちが
祈りを捧げようとしております
どうか　お聞き届けください

今日この場で、素晴らしい仲間と共に
パイプセレモニーができることに感謝します。

いつも、パイプセレモニーのたびに
駆けつけて参加してくださる
多くの先住民のスピリットに感謝します
とりわけ、毎回絶大なるサポートをしていただいている
ウイリアム・コマンダー大長老のスピリットに感謝します
皆様のサポートを受けて、今日はとても大切な祈りを
ここで捧げさせていただきます

シャクシャイン
越後庄太夫
大丈丸
おやすさん

ベケレマツ
阿弖流為
母禮
クナト姫
カングウン・タカ
……どうか、この祈りの輪に入ってほしい
そして、私たちの祈りをサポートしてほしい

いま、ここでの祈りが、何千年にわたる民族間の
軋轢をほどき、怨念を開放し、
これから、この日本列島に生まれるすべての子孫にとって
光明になりますように……

私たちの祈りの言葉が
私たちの祈りの想いが

すべての草に触れ
すべての樹木のすべての葉っぱに触れ
すべての動物の耳に入り
すべての鉱物を揺らし
そして
母なる大地に抱かれて、いまだに眠り続けている
すべてのスピリットに届きますように

ここ出雲の地は
かつては出雲王朝の栄光の地でした
しかしながら、一方では多くの悲劇があり
多くの虐殺があり、怨念が封印され
民族間の分離・分断を生んできました
それが日本列島全体の土台の亀裂として
子々孫々の代まで影響を及ぼしております

私たちがここに来たのは
私たちがここで祈るのは
許しを請い、怨念を開放し
何千年にもわたって蓄積してきたわだかまりをほどき
民族間の融合をはかるためです

この猪目洞窟は、いまから約2200年前
オオクニヌシが幽閉され、殺害された場所です
出雲王家の伝承では、徐福の命により
ホヒとタケヒナドリが計画し、
海童たちが犯行に及んだといわれております
この話はイズモ族の間では広く信じられ
徐福、ホヒ、タケヒナドリは憎まれ
民族間の大きな亀裂の要因となってきました

ところが、最近のチャネリング情報によると
徐福、ホヒ、タケヒナドリは犯行に関与しておらず
海童たちが出雲王家に恨みを抱いて暴発した結果だということです

さらには、イズモ族がこの地に来る前にここに住んでいた
先住民族のスピリットが昨年3月31日に降りてきて
イズモ族に大変な迫害を受けてきたと、
怨念を吐露しました
翌4月1日に潜戸で大火事がありましたが、
この先住民の怨念が本当で、いかに激しいかを
知ってもらうために起こした、とスピリットは述べました

それほど激しい迫害があり、
2000年たっても大火事を起こすほどの怨念が残っているとすれば
海童たちの犯行の背後に、この先住民たちの

激しい増悪感情があったと考えるのが自然でしょう
徐福たち渡来組とイズモ族の間のわだかまりだけでなく
イズモ族と先住民族との間に存在する大きなわだかまりが
悲劇の連鎖を呼ぶ源であり、日本列島全体の大きな
亀裂を生んでいたことがわかりました

ここからオオクニヌシのスピリットに語りかけます

オオクニヌシよ！　私たちの祈りは届いているでしょうか？
私の声は聞こえているでしょうか？
昨年5月、私たちはこの場所であなたに祈りを捧げました
突然、幽閉され殺害された恨みと悔しさ
その後出雲王朝の歴史が消されてしまった驚き
あなたの大きく激しい怨念は私たちが引き受けますから

どうかそれを手放して光の国にお帰りください、と祈りました

奉納舞が始まると、あなたは洞窟の奥からあらわれ
次第に入り口付近に来て、ニコニコ笑って見ておられました
あなたが怨念を手放すということは
イズモ族とヤマト族の間にあった大きな亀裂が修復され、
民族の融合につながることになります
霊界や無意識レベルを含めて、もうこのようなわだかまりから
日本列島全体を開放できますように……

今日は、それに加えてもうひとつお願いがございます
チャネリング情報によると、イズモ族がこの地に到着する以前に
ここに住んでいた先住民は、イズモ族に大変な迫害を受けたといいます
その怨念は、約3000年も経っている昨年4月1日に
潜戸で大火事を起こすほどの激しさをキープしているようです

そうだとすると、オオクニヌシ、コトシロヌシを襲った災厄も
背後には、この先住民たちの激しい怨念があったと考えるべきでしょう

オオクニヌシよ。あなた自身が大変な裏切りによる災厄に遭い、
怨念を抱いてこの猪目洞窟で2200年の苦しい歳月を過ごしてこられ
犯人たちや徐福、ホヒ、タケヒナドリなどに対しては、
とても許せないという想いを抱いておられるかもしれませんが、
ここはひとつ大きな心ですべてをお許しいただき、
なおかつイズモ族を代表して先住民に謝罪をしていただけないでしょうか

オオクニヌシよ。先住民への迫害は初代出雲国王八耳王の時代から
歴代続いており、あなたの代だけが酷かったわけではないですが、
ここはひとつイズモ族を代表して、先住民全体との民族の融合を
はかっていただけませんか

さて、それでは今度は先住民たちにお祈り申し上げます
私たちにはほとんど情報が無く、個別のお名前もわからず、
どなたにお祈りすればいいのかわかりません
ただ、はるか昔にこの地でイズモ族と先住民の争いがあり、
3000年も経っているのに、その怨念が強烈に残り、
光の国に帰れないスピリットがまだ大勢残っていることを知りました

私たちは、チャネリング情報により、2016年に、この潜戸の地で
クナト姫とタカを首長とする大勢のカングウン族の
供養をさせていただきました
それは、いままでの祈りの旅の中で、最も重い、
激しい反応を伴う祈りでした
翌2017年には、虐殺したサイドに対する祈りを、
やはり潜戸で行いました

チャネリング情報では、この潜戸における大虐殺事件の供養が
「日本列島祈りの旅」全体のカギを握る、ということでした
昨年4月1日の潜戸の大火事で、その意味がようやくわかりました
あなたたち先住民と、イズモ族の間に大変な葛藤があり、
それは3000年を経たいまでも大火事を引き起こすほど
怨念が激しく残っているということを見せていただきました

2016年、2017年の供養は、
確かにトリガーになったとは思いますが、
それだけでは全く不十分だったということです
やはり、この民族間の融合には、どうしてもイズモ族の関与が
必要だったのでしょう

私たちは、たったいま、オオクニヌシの霊に先住民に対する
謝罪をお願いいたしました

先住民の皆さん、どうかその謝罪を受け入れ、
長く続いてきた激しい怨念をお鎮めください

3000年前に、ここで先住民の皆さんがどういう生活を営まれ、
どういう迫害があり、どういう虐殺があったか、そして
イズモ族との間にどういう葛藤があったのか、
私たちは知る由もありません

ただ、激しい葛藤があり、強い怨念が残っていることを
私たちは受け取りました
その怨念を後世の人々に伝えることが
おそらくあなた方が冷たい闇の中で
3000年も過ごしてきたお役目だったのでしょう
あなたたちが長いこと訴えたかった願いは
今日報われました

どうか、その怨念をここに置いて、
イズモ族との融和をはかり
光の国にお帰りください
あなたたちのお役目は今日終わりました

あなたたちとイズモ族との融合は
これからこの日本列島に生まれてくる
多くの子孫たちの栄光につながります
聞いていただいてありがとうございました

これで私たちの祈りを終わります
一緒に祈っていただいた多くのスピリットに感謝します

シャンクワイヤ・ティーゾン（創造主）
ニャウェン・コーワ（大いなる感謝）

スコナ・コーワ（大いなる平和）
コナルンクルワ・コーワ（大いなる愛）
（3回繰り返す）
創造主よ、今日も私たちの祈りを聞いていただいてありがとうございました。

太陽の光が差し込んだ静の岩戸

この祈りのときにはオオクニヌシはまだ洞窟の奥のほうで用心深く聞いておられましたが、皆が般若心経を唱え始め、奉納舞が始まると男女2人の従者を従えて正装で洞窟から出てきたのが複数の人に見えました（私には何も見えません）。昨年はひとりで出てきたのに対し、今年は従者を連れていたのが注目されました。

やがて海のほうから先住民とおぼしき50人くらいのスピリットがぞろぞろと上がって

きて、オオクニヌシたちと5メートルくらいの間隔で対峙しました。お互いに言葉を交わすことはなかったようですが、般若心経のリズムに合わせて踊りで対話をしていたということです。

翌朝、Aさんがお勤めをしていると、オオクニヌシでもコトシロヌシでもないイズモ族の代表とおぼしき方があらわれて、次のようなメッセージを降ろしてくれました。

チャネリング情報⑧：
@出雲　by　Aさん、2022年5月15日

昨日は猪目洞窟での先住民の供養をしていただきましてありがとうございました。おかげで先住民から許していただけました。今日も粟嶋神社にイズモ族の神々と先祖がたくさん集まります。またその後に巡礼されるそれぞれの神社に縁のある先祖がそれぞれの神社で天外さんたちのお参りを待っています。天外さんはイズモ族の神々が送ったイズモ族の使者です。

アジア大陸の奥からアムール川を下降すると北海道、青森に至ります。北海道、青森はクナ族、サルゴン族、アイヌ族が渡来する度に民族間の争いがあったところです。イズモ族とヤマト族の争いもありました。ひとつひとつ過去の因縁がわかって、民族のカルマを解いていただいております。現在のロシアとウクライナの争いも同じような民族の溶けないカルマです。何度も同じところに生まれ変わって争いを繰り返しております。
ユーラシアの国々の民族の光の神々は天では仲良くしています。ユーラシアの民族の神々は地上の民族の争いを悲しんでおられます。

15日には、バスの運転手が行き先を間違えて開始が1時間ほど遅れるというハプニングがありましたが、一行はコトシロヌシが幽閉されたという粟嶋神社の静の岩屋へ行き、前日にオオクニヌシに対して行ったのと同じようにコトシロヌシを呼び出し、先住民に対する謝罪をしていただくという祈りを捧げました。

パイプの祈りが終わり、般若心経に合わせて奉納舞が始まろうとしていたとき、舞姫の大村憲子が強烈な寒さを感じ、ガタガタと震え始めました。後にチャネラーのAさんは、土地のスピリット（地縛霊）が自分たちの存在を知らしめようと憑依したのだ、と解説してくれました。

その後、土地のスピリット（地縛霊）は大村憲子を離れ、奉納舞のダンサーたちと一緒に先住民と手をつないで踊り出したコトシロヌシを遠くから見ていたそうです。

その後奉納舞は、昨年と同じように多くの参加者を巻き込んでとても盛り上がりましたが、最高潮に達したとき、雲の間から太陽が顔を出し、まるでスポットライトのように会場に神々しい光が差し込みました。一同は思わず踊りを止めて盛大な拍手が沸き起こりました。

Aさんのチャネリング情報によると、2500年以上昔の出雲王朝で、地方の豪族の長がみんな王宮（いまの神魂神社）に集まる年二回の大祭では、祈りが始まると、どんな曇り空でも必ず雲が割れて太陽が顔を出し、参加している大衆から盛大な拍手が起こったというエピソードがあり、この日の奉納舞は、まさにその再現になった、とのことです。

翌16日の朝のお勤めで、Aさんの元に再びイズモ族の代表が現れ、次のようなメッセージを降ろしてくれました。

チャネリング情報⑨：
@出雲　by　Aさん、2022年5月16日

昨日の粟嶋神社での儀式は、昔の聖人（釈迦やキリストやマホメット）が儀式をした時と同じように天の神々や天の住人がたくさん集まって光の神々（如来）が降りて儀式をされました。私たちの天界にも地上のように神社やお寺があって法要もされますが、天界でも法要に光の神々が降りるのを見られるのは稀なことです。

踊りの途中で曇り空から太陽が現れて陽がさしたところで拍手が起こりました。これは2500年前にいまの神魂神社のあるところにあった王宮の前の広場で初代出雲王、八耳王の娘が巫女となって、全国から集まった豪族の長の前で太陽の神を降ろすと、曇っていても必ず雲が割れて太陽が現れ、参加していた観衆から拍手が起こったという古代出雲の伝承の再現でした。巫女に降りた太陽の神は観衆に部族が仲良くするように説きました。

出雲国王は全国から集まった部族の使者に無償で鉄器をお土産に配っていました。そのころの全国の部族の酋長は、いまは日本の各地方の守り神になっており、いまも神在月には出雲に集まります。

昨日の午後、皆さんの神社の巡礼にも私たち（天人・先祖）が一緒についていきました。どの神社の参拝も意義のあるお参りでしたが、三屋神社は出雲の先祖がとても懐かしくお参りをさせていただきました。天にいる先祖も子孫がお参りをしなければ一緒についていけません。


2022年5月15日に粟嶋神社・静の岩屋で起きたことと、2600年以上昔に出雲王宮で起きたことが奇妙にシンクロしたようです。Aさんが、その様子を絵に描いてくれました。

Aさんには、続いてこの土地のスピリット（地縛霊）が降りてきました。

古代出雲では巫女が太陽神を降ろすと必ず雲が割れて太陽が現れて拍手が起きた。2022 年 5 月 15 日、静の岩屋での祈りでその様子が再現された。

チャネリング情報⑩：
@出雲　by　Aさん、2022年5月16日

私たちはこの地方の地縛霊です。地縛霊は何百年たっても普通の供養では救われません。日本全国のそれぞれの地方に地縛霊はいます。昨年は粟嶋神社でたくさんの神々や天人が集まってコトシロヌシやイズモ族が昇天される法要を遠くから見ていました。今年はイズモ族と先住民の供養をされるということですので、私たちも一緒に救われたくて、私たちのことを気付いてほしいと思って、バスの行き先を間違わせたり、巫女役（注：大村憲子）に最初に憑依して寒がらせて知らせようとしましたが、コトシロヌシが巫女役に憑依してきたので、巫女役から離れました。そして遠くから、コトシロヌシが先住民にお詫びして先住民から許されて一緒に踊るのを見ていました。

そして、法要が終わって私たちも一緒に天に連れて行っていただきました。昨日、天に帰ると前世のことを少し思い出すことができました。粟嶋神社の

近くの住民はコトシロヌシと縁のある方々が代々生まれ変わってコトシロヌシを守っています。
日本全国の地方の精霊の多くは代々その地方で生まれ変わっています。そして、その土地の神様に縁の深い先祖です。このような大きな法要をするときには、その土地の精霊も救われたくて一緒に頼ってきますので、祈りの中に「この地方の浮かばれない精霊たちと共に」と、一言入れて一緒に供養をお願いいたします。

じつは、前日もこの日も、パイプセレモニーと並行してちょっと離れた場所で、口羽和尚が施餓鬼供養を実行しておられました。地縛霊が出てきたのは、その影響もあったかもしれません。いずれにしても、このチャネリング情報により、地縛霊について、これからの祈りの中に含める大切さがわかりました。

パイプセレモニー、施餓鬼供養、奉納舞などが終了した後、前年と同様に粟嶋神社の安江禎晃宮司に神事をお願いいたしました。前年に引き続いて、素晴らしい祝詞を奏上していただきました。このときの祝詞には、ウクライナの戦乱のことが含まれ、世界中の戦乱や争いごとの背景に、今回のような霊界の土台の亀裂があり、それが世界中あまねく影響を与えていることを痛感いたしました。

イズモ族が来る前にここにいた先住民とは、いったいどういう人たちでしょうか、という私の質問にAさんは以下のように答えてくれました。

出雲王家の伝承では、インド中央部にいたドラヴィダ族が、アーリア人の侵攻で逃げ出して樺太・北海道を経て出雲に住み着いたといっておりますが（1章）、このとき来たのはシュメールを統一したサルゴン族であり、アーリア人の侵攻ではなく、天変地異で逃げ出したらしい、とのことです。

さらにそれより1000年以上前に、同じドラヴィダ族がインドを離れエジプト、メソポタミアなど多くの地に散ったけれど、その一部が日本に来たのではないか、といっておられました。つまり、本章で扱ったイズモ族と先住民の戦いは、同じドラヴィダ族同士ではなかったか、という推論です。おそらく、その1000年の間に鉄器が開発され、イズモ族（サルゴン族）は強かったのでしょう。

さて、話を5月15日に戻しますと、この後一行は朝のバスの遅れの影響で、昼食抜きになってしまいましたが、神魂神社隣の湘南高校敷地内にある東出雲王家（富家）の歴代王の拝み墓、熊野大社、三屋神社、出雲井神社などを参拝いたしましたが、詳細は省略します。

エピローグ

「日本列島祈りの旅」は、どこで何を祈るかが焦点になりますが、その情報はチャネラーからもたらされます。したがって、前もって計画することはできません。

幸いにも、とても優秀なチャネラーたちに恵まれ、アイヌ民族、イズモ族、ヤマト族、先住民などの間に残っていた、最も基本的な強烈なしこりはほどけたように思います。

２０１６年から続けてきた「日本列島祈りの旅」は、ひとまずここで一段落することにし、２０２３年5月21〜22日にそのエンディング・セレモニーを企画しました。

当初は出雲の神々へのお礼の祈りだけのつもりでしたが、出雲のAさんから新たなチャネリング情報が入りました。

秦の始皇帝からオオクニヌシのもとに送られた女官の名前がスセリ姫（『古事記』ではオオクニヌシと結婚することになったスサノオの娘）だとわかりました。秦の国の神殿で神を降ろしていた最高位クラスの神官で、たぐいまれなる呪術やチャネリングの能力と天才的な詩の才能を合わせ持った女性であったそうです。

なぜ、そのような高位の女官が送られてきたかというと、秦の始皇帝は匈奴の侵入に悩まされて万里の長城を築いたのですが、匈奴が出雲との交易で手に入れた鉄製の武器に悩まされていたようです。

この当時の出雲王朝は、世界でも有数の良質の鉄（鋼鉄に近い）を生産しておりました。なお、徐福が二度目の来日で取り入った宗像家も鉄の生産が盛んであり、オオクニヌシ、コトシロヌシ殺害で険悪になってしまった出雲王家から宗像家に鞍替えして、鉄製の武器の輸入をしようとしていた秦の始皇帝の意思を感じられます。

またこれは、出雲王家の伝承から大きく外れますが、ホヒは徐福の部下ではなく、秦の身分の高い将軍で、スセリ姫の後見として一緒に送り込まれた、というチャネリング情報でした。ホヒが、徐福来日以前にスセリ姫と一緒に日本に送り込まれたのだったら、すべては秦の始皇帝の計画だったということになります。土井ヶ浜遺跡で亡くなった斉の兵士とされた部隊（2章）と徐福は無関係だったかもしれません。

ホヒが徐福の部下なのではなく、むしろ逆に全体のかなめを握っているのがホヒで、スセリ姫と徐福が連れてきた3000人の子どもたちが、秦の始皇帝からの贈り物ということになります。

動機としては、万里の長城を築くほど苦しめられていた匈奴に対抗して、秦と出雲王国の間に強固な同盟関係を結びたいという世俗的な動機だったことになります（仮説②）。戦争に負けた斉の方士だった徐福は、秦の始皇帝の命令により、無理やり日本に派遣されたのでしょう。

いまの私は、2章で述べた秦の始皇帝と徐福がつるんで日本でユダヤ王国の復活を願った、というロマンのある仮説①よりもこちらの仮説②に傾いています。ロマンより世俗的な動機で国と国の関係は動くと思います。もっとも、仮説②の背後にほのかに仮説①の動機もあった可能性も否定できません。

チャネリング情報③（P128）は、仮説②を裏付けているような気がします。

そうだとすると、ホヒはオオクニヌシ、コトシロヌシ殺害を実行した海童たちの監督責任もないわけで、死刑にならなかった理由もうなずけます。

ところが、スセリ姫は呪術の力でオオクニヌシを守る役目があったようで、オオクニヌシが殺害された責任を取らされて毒殺されたことがわかりました。スセリ姫のスピリットがAさんに降りてきて、怨念を吐露し、成仏できない苦しさを訴えたのです。

そこでひとつ、思い当たることがありました。2021年5月22日のオオクニヌシの供養で、口羽和尚の施餓鬼供養のときに、海から子どもたちのスピリットが30人くらい上がってきて、供物のおにぎりをむしゃむしゃと食べていたのを何人もの人が見ています（7章）。

オオクニヌシ殺害の責任を取らされたのは、スセリ姫ひとりではなく、実行に関与した大勢の海童たちも殺された、と考えるのが妥当でしょう。併せて供養のお祈りが必要なことがわかりました。

２０２３年5月21日、すぐ先の広島ではＧ７の首脳が集まり、ウクライナからゼレンスキー大統領も出席する中で表の世界のサミットが開かれました。

同日、私たちは、サイノヒメノ命のご神体である三瓶山のふもと西の原で現地集合３名を含めて50名が集まり、裏の世界のサミットとして、出雲の神々にお礼を祈るセレモニーを敢行しました。私は、表の広島におけるＧ７に負けず劣らず、世界にとって大切な祈りのサミットになったと思います。

祈りの言葉にはスセリ姫と、処刑された海童たちへの供養を含めました。

パイプセレモニーが終わり、口羽和尚先導による般若心経に乗って大村憲子さん、ＰＩＣＯさん、山本清子さんの奉納舞が始まると、サイノヒメノ命を祭祀し守護していた族長が大村さんに、そのほかの精霊が残りの２人に憑依したのがチャネラーに見えたそうです。

その後、大勢が踊りに参加して乱舞した時にはイズモ族の精霊も大勢加わり、サイノヒメノ命のご神体である三瓶山全体が揺れ輝いて喜んでいたそうです。

一方、チャネラーのＴｙａＴｙａには、左記のような声が聞こえたようです。

「パイプを回しながら、天外さんのお祈りの言葉がはじまって間もなく、「姫様が戻られる」「姫様が戻られる」との声を聞きました。男性の従者のような声でした。女性の大きな意識体が現れて空を覆いました。

パイプを回しながら、天外さんのお祈りの言葉が終わる頃、今度は「私の子どもたち」「私の子どもたち」と聞こえました。「仲直りしたの？　私の前に並びなさい」優しい喜びの笑顔を感じる、姫神様の声でした。（ＴｙａＴｙａ）」

また、ＴｙａＴｙａを始めとする何人かは、スセリ姫の毒殺された苦しみが伝わってきたそうです。スセリ姫も首尾よく上がってくれたようです。

翌22日には出雲大社の拝殿をお借りして祈りの奉納をさせていただきました。

高名なジャズシンガーであり、なおかつ物部家の末裔でもある物部彩花さんが１３０名の合唱団（和音〝にぎおと〟）を引き連れて参加してくれました。

物部家は徐福と西出雲王家の親戚である宗像家の三女、イチキシマ姫との間に生まれた子が初代であり、ヤマト王朝の中枢を担ってきた家系です。この大団円のお祝いの席に物部家の末裔が参加してくれたのは、まさに天の采配だと思います。

彩花さんと祝音合唱団の歌声は、ものすごい迫力でした。

「君が代」「あわの歌」、と彩花さん作詞作曲の「和（にぎ）の音」が歌われました。

歌の奉納が始まるとオオクニヌシが、両横にスセリ姫とタギツ姫の2人の姫を従えて現れ、にこやかに奉納の歌を聴いていたそうです。また、物部一族の先祖も一緒に集まって平和の祈りの祭典を喜ばれていたようです。

以下に、当日の祈りの言葉を載せます。

2023年5月出雲大社の拝殿で物部彩花さん率いる130名の合唱団と共に祈る。
オオクニヌシが両脇にタギツ姫（右）とスセリ姫（左）を伴って現れた

出雲の神々への祈り

2023年5月21・22日　@出雲大社　by　天外伺朗

シャンクワイヤ・ティィーゾン（創造主）
ニャウェン・コーワ（大いなる感謝）
スコナ・コーワ（大いなる平和）
コナルンクルワ・コーワ（大いなる愛）
（注：モホーク族の基本の祈り。これを3回繰り返す）

創造主よ
いまここで　あなたの子どもたちが
祈りを捧げようとしております
どうか　お聞き届けください

今日この場で、素晴らしい仲間と共に
パイプセレモニーができることに感謝します

いつも、パイプセレモニーのたびに
駆けつけて参加してくださる
多くの先住民のスピリットに感謝します
とりわけ、毎回絶大なるサポートをしていただいている
ウイリアム・コマンダー大長老のスピリットに感謝します
皆様のサポートを受けて、今日はとても大切な祈りを
ここで捧げさせていただきます

シャクシャイン
越後庄太夫
大丈丸
おやすさん

ベケレマツ
阿弖流為
母禮
クナト姫
カングウン・タカ
オオクニヌシ
コトシロヌシ
ジョフク
ホヒ
タケヒナドリ
……どうか、この祈りの輪に入ってほしい
そして、私たちの祈りをサポートしてほしい

いま、ここでの祈りが、何千年にわたる民族間の
軋轢をほどき、怨念を開放し、

これから、この日本列島に生まれてくるすべての子孫にとって
光明になりますように……

私たちの祈りの言葉が
すべての草に触れ
すべての樹木のすべての葉っぱに触れ
すべての動物の耳に入り
すべての鉱物を揺らし
そして
出雲のすべての神々、女神たちの祈りと響きあい
さらには
母なる大地に抱かれていまだに眠り続けている
日本中のすべてのスピリットに届きますように

ここ出雲の地は

かつては出雲王朝の栄光の地でした
しかしながら、一方では多くの悲劇があり
多くの虐殺があり、怨念が封印され
民族間の分離・分断を生んできました
それが日本列島全体の土台の亀裂として
子々孫々の代まで影響を及ぼしております

私たちがここに来たのは
私たちがここで祈るのは
許しを請い、怨念を開放し
何千年にもわたって蓄積してきたわだかまりをほどき
民族間の融合をはかるためです

出雲王家の伝承によると、いまから約2200年前
オオクニヌシが猪目洞窟に幽閉され、

コトシロヌシは静の岩屋に幽閉され、
ともに殺害されたといいます
殺害を命じたとされる徐福、ホヒ、タケヒナドリは、
２２００年にわたってイズモ族から怨まれてきました

その後、出雲王朝は徐福の子孫により滅ぼされ、
存在していたことすらも、歴史から抹殺されました
ホヒ、タケヒナドリの子孫は、出雲地方と出雲大社を
支配しました
出雲王家は表舞台から姿を消し、恨みと共に密かに
伝承を継承してきました

私たちは、出雲王家の伝承に従い、
２０２１年５月22日には猪目洞窟で、
翌23日には静の岩屋で祈りの儀式を行い、

オオクニヌシ、コトシロヌシそれぞれの怨念を受け取り、
おふたりに光の国に帰っていただくことができました

ところが、このイズモ族の供養を快く思っていない
スピリットが、激しい怨念を抱いていることがわかりました
イズモ族がこの地に来る前からここに住んでいた先住民を
イズモ族が激しく迫害した、という隠された歴史があったようです
私たちがこの祈りの下見に来た3月31日に、そのスピリットが
降りてきて迫害のことを語り、
「イズモ族が謝ってくれないと許せない」
とチャネラーに伝えた、ということを後から知りました

翌4月1日、加賀の潜戸で大火事があり、多くの家屋が焼けました
その夜、再び先住民のスピリットが降りてきて
「あの火事は、自分たちがやった。昨日の話が本当で、

私たちの怨念がいかに強いかを知ってほしかったからだ」
と述べました

じつは、私たちは2016年、2017年と2年続けて潜戸で
祈りの儀式を行いました
別のチャネラーの情報により、出雲王朝よりはるか前、
潜戸でクナト姫と呼ばれる女性と、彼女とは違う民族が
大勢虐殺されたことがあり、その怨念がまだ残っている
その供養が、「日本列島祈りの旅」全体のカギになる、
とのことでした
私たちは言われるままに祈りましたが、正直言って
これは、いつになく重い祈りになりました

今回の先住民のスピリットからのチャネリングにより、
その虐殺事件は、イズモ族と先住民間の争いであり、

イズモ族側からの謝罪がないと解決しない、
ということがわかりました

2022年5月14日、私たちは再び猪目洞窟を訪れ、
オオクニヌシに降りていただき、先住民への謝罪をお願いしました
奉納舞が始まると、オオクニヌシは二人の従者を連れて正装で現れ、
大勢の先住民と5メートルくらい離れて対峙し、
踊りで対話した、とのことです

翌15日、静の岩屋でも、同じようにコトシロヌシに先住民に
謝罪していただきました
コトシロヌシと大勢の先住民が、参加者たちと一緒になって
乱舞してくれました

イズモ族、徐福一族、ホヒ一族、そして私たちが名も知らない

先住民の一族が、３０００年に及ぶ怨念をほどき、和解し、
融和できたことを、感謝いたします
オオクニヌシ、コトシロヌシ、徐福、ホヒ、タケヒナドリ、
そしてこの祈りを支えていただいたチャネラーや、踊り手を
はじめとするすべての方に心からの感謝をささげます

ただし、まだ細かいところでは祈りが必要なようです
たとえば、秦の始皇帝の女官でシャーマンのスセリ姫は
オオクニヌシの側室として嫁いでおりましたが、
オオクニヌシ殺害事件の責任を取らされ、
毒殺されたという情報がもたらされました
スセリ姫よ、あなたの怨念は、いま私たちが引き受けました
イズモ族、徐福一族、ホヒ一族、先住民の間に何千年もの間、
わだかまっていた怨念はすでにほどけております
スセリ姫よ、長い年月抱えていた重い怨念を今すべて解き放ち、

どうぞ光の国にお戻りください
そして、これから生まれてくる子供たちをサポートしてください

もうひとつ気になることがあります
2021年の猪目洞窟での祈りで、
口羽和尚の施餓鬼供養で海から30人以上の子どもたちのスピリットが
上がってきて、供養のおにぎりを
むしゃむしゃ食べたのを何人かが見ております
おそらく、オオクニヌシ、コトシロヌシ殺害の後、ホヒ、タケヒナドリ
が逮捕され、徐福が中国に逃げ帰ったあと、スセリ姫だけではなく、
きわめて大勢の渡来人が責任を取らされて、イズモ族によって
殺害されたと推察されます
ひとり一人のお名前はわかりませんが、もしこの祈りが届いていたら、
怨念を手放して、光の国にお帰りください
いま、すべてのわだかまりが解け、

あなたたちのお役目は終わりました

さて、ここから日本列島全体に対して祈ります
まだ、怨念を抱えたまま、この日本列島の大地に眠っておられる
スピリットはものすごい数、おられると思います
しかしながら今回、一番根っこに横たわっていた民族間の
こだわりが解消できたことで、スピリットたちは、自分たちで目覚め、
光の国へ帰って行くことができるようになったと確信しております
いまここでの私たちの祈りが、大地に抱かれて眠っている多くの
スピリットに届きますように。今すぐには祈りが届かない
スピリットたちのために、この祈りがこだまのように反響して、
日本中に何日も何週間も何か月も何年も鳴り続きますように
あなた方すべてが目覚める時が来ました

あなた方、1人ひとりが抱いていた怨念は、少しずつ違うでしょう

あるいは、極めて個人的な怨念を抱いておられた方も
おそらくはいらっしゃるでしょう
でも、そのすべての怨念は、民族や家系としての怨念に
つながっております
その民族の名誉のために、あるいは家系の名誉のために、
その怨念が忘れ去られることがないように、あなたがたは
それを抱き、それを守り、冷たい大地の上で何百年、あるいは
何千年の年月を耐えてきました

いま、その大元の怨念がほどかれ、この出雲の地で
大団円の宴（うたげ）が開かれようとしております
あなたがたの怨念も、すべて私たちが引き受けます
どうかそれを手放して、光の国へお帰りください
あなたたちのお役目は終わりました

ひとまずこれで「日本列島祈りの旅」の第1幕は
終了したいと思います
勿論、新たなチャネリング情報がもたらされ、さらなる
祈りが必要となれば、再び祈ることはやぶさかではありません

本日は、ここに物部家の末裔も参加していただいております
物部家は、徐福が二度目に九州に上陸し、イチキシマ姫との
間に生まれた子が始祖になります。7代目のウマシマジは
東征しており、神武天皇のモデルの1人です
この大融和の席に物部家の末裔が参加していただけたことを
感謝いたします

出雲の神々、女神たち、オオクニヌシ、コトシロヌシ、徐福、
ホヒ、タケヒナドリ、そして名も知らぬ先住民の方々、
そして何千年もの間、怨念を抱えて眠っていた多くのスピリットたち、

この大融和が成立できたことを心から感謝いたします
この日本列島の一番根っこにあった「しこり」が取れました
これからの日本は、いさかいや対立が減り、人々の心は、より平安になり、
活気に満ち、喜びにあふれた人が増えるでしょう
この日本が、これから世界平和実現のために
大切な役割をはたしていくと確信しております

神々も、スピリットたちも、すべての人々も、すべての動物たちも、
すべての植物たちも、すべての鉱物たちも、どうか一緒にこの大融和を
祝ってください
そして、これからこの日本列島に生まれてくる子どもたちを見守り、
サポートし、平和で心豊かな社会が営まれることを、ともに祈りましょう

これで私たちの祈りを終わります
一緒に祈っていただいた多くのスピリットに感謝します

シャンクワイヤ・ティーゾン（創造主）
ニャウェン・コーワ（大いなる感謝）
スコナ・コーワ（大いなる平和）
コナルンクルワ・コーワ（大いなる愛）
（3回繰り返す）

創造主よ、今日も私たちの祈りを
聞いていただきましてありがとうございました

むすび

さて、２０１６年５月北海道から始まった「日本列島祈りの旅」（［５］）は、エピローグでご紹介した２０２３年５月21日、22日の祈りで大団円を迎えた感じがあります。

当初は、アイヌ民族を迫害したヤマト族としての謝罪の意味を込めて、祈りを進めましたが、途中でチャネリング情報により、出雲王朝よりはるか昔の虐殺事件（クナト姫）の供養が挟まりました（１章、５章、６章、文献［６］、２０１６年、２０１７年）。それがじつは、イズモ族と先住民の葛藤の一部であることが２０２１年にわかり、翌年オオクニヌシ、コトシロヌシを呼び出して先住民に謝罪してもらうという怖れ多い祈りを実行し、どうやらすべてが解消したようです。

シャクシャインなどのアイヌの英雄たちは、アイヌたちが約３５０年にわたって祈っても上がらなかったのに、私たちの祈りで上がったということは、やはり虐殺したヤマト族サイドからの謝罪の祈りを必要としていたようです。

それと同じように、出雲の先住民に対する供養は、イズモ族側からの謝罪が必要だったのだと思います。

ほとんどの読者にとって、イズモ族の情報はなく、オオクニヌシやコトシロヌシが徐福たち渡来組の海童によって洞窟に閉じ込められて殺害された、というのは初耳でしょう。

本書では、出雲王家の伝承に天外の意見を加味して、出雲王朝の成立からオオクニヌシ、コトシロヌシ殺害に至る経緯、さらには『古事記』編纂にいたる裏話を記しました（1～4章）。

それだけでも、一般読者にとって驚愕の事実だと思います。さらに、5章～8章は、一転してチャネリング情報に基づいてイズモ族の供養を実行した実録です。徐福たち渡来組とイズモ族の葛藤を祈る予定が、イズモ族と先住民の葛藤という、いままでどこでも語られたことのない新たなチャネリング情報が加わり、さらには土地の地縛霊まで飛び出してきました。

あまりにもぶっ飛んだ話なので、戸惑われたかもしれませんが、おそらくこれが、表の歴史では語られることがない、日本列島の深層的な構造だったと思います。

さてここで、この祈りの旅の意義をもう一度振り返ってみたいと思います。

「死者の怨念」というと、とてもオドロオドロしく、引いてしまう読者も多いかもしれませんね。仏教では「成仏」という言葉があります。本来は、「悟り」を開いて仏陀（覚者）になる、という意味ですが、一般的には死者の霊魂が収まるべきところに到達するという意味で使われています。

「成仏できない」というと、霊魂が何らかの怨念を抱えたまま、地上の世界をさまよっていることを指します。その霊魂のことを地縛霊とも言います。

キリスト教では、「成仏する」と同じことを天国に登るという意味で「昇天する」、あるいは「神の元に帰る」といいます。インディアンの世界では、「光の国へ帰る」と表現します。

成仏できない死者の霊魂が、我々の地上での生活に何らかの影響を及ぼすか、ということを見ていきましょう。

6章ではイズモ族から迫害を受けた先住民たちの霊が、その怨念の強さを示す証として2021年4月1日に潜戸で大火事を起こしたこと、8章では土地の地縛霊が自分たちの存在を示そうと、バスが道に迷うようにして一時間も開始時間を遅らせた、と述べました。

いずれもチャネリング情報なので、真偽のほどは確かめようがありません。しかしながら、同じようなエピソードは無数に報告されています。交通事故が頻繁に起きる高速道路の場所で、地縛霊の供養を行ったところ、それからは事故がまったく起きなくなったという高名な僧侶の報告もあります（[5]）。


戦争も含め、いま私たちが日常的に経験している様々な出来事は、一般的には偶然の産物と考えられていますが、地縛霊の影響も無視できないのではないでしょうか。地縛霊はネガティブな怨念を強く抱いていたからこそ成仏できなかったわけで、それが影響を及ぼして地上で起きる出来事は限りなくネガティブだと想像できます。つまり、いま私たちが経験している様々な不本意な現実の中に、地縛霊の怨念が反映されている可能性があるのです。

その中でもとりわけ、長い歴史の中の民族間の確執の影響は大きいのではないかと思われます。個別の地縛霊の怨念より大きな、民族としての集合的無意識の怨念となっているからです。

「日本列島祈りの旅」は、何千年というタイムスパンの中でこの日本列島に蓄積してきた民族間のわだかまりをほどき、霊界も含めて民族間の和解を計ることが目的です。

それが、これからここに生まれてくる多くの子どもたちにとって大いなる福音になると信じております。


おわりに、「日本列島祈りの旅」をサポートしていただいている多くの人たち、とりわけチャネラーたちや舞姫たちに心から謝意を表します。

参考文献

［1］梅原猛『葬られた王朝』新潮社、2010年
［2］富士林雅樹『出雲王国とヤマト政権』大元出版、2019年
［3］斉木雲州『出雲と蘇我王国』大元出版、2012年
［4］谷戸貞彦『幸の神と竜』大元出版、2004年
［5］天外伺朗『日本列島祈りの旅1』ナチュラルスピリット、2018年
［6］天外伺朗『クナト姫物語』ナチュラルスピリット、2018年
［7］大杉博『古代ユダヤと日本建国の秘密』日本文芸社、2000年
［8］斎木雲州『古事記の編集室』大元出版、2011年（改訂版2018年）
［9］五条桐彦『人麿古事記と安万侶書紀』大元出版、2021年
［10］天外伺朗『祈りの法則』ナチュラルスピリット、2021年

日本列島祈りの旅クロニクル

年	巻	月日	出来事
1987	1巻		アメリカでインディアンの伝統的儀式が解禁されたとされる
			ワークステーションNEWS発売
1988			
1989			
1990			
1991			トム・ダストウ、北海道を訪れる
1992			
1993			
1994			トムら「アメリカ大陸横断祈りの旅」
1995		1月17日	（阪神・淡路大震災）
1996		2月	直感力研究会で講演
			永六輔さんと対談
1997			**マハーサマディ研究会**発足
		8月	第4回**フナイ・オープン・ワールド**
1998		5月	セクオイヤ・トゥルーブラッドと出会う（ボストン）
		10月	ミシェル・オダンと東北地方講演旅行

	1巻	
1999		瞑想センターの土地購入（三浦半島）
		初代AIBO発売
	10月	セドナツアー下見
2000	1月	**セドナツアー**（アリゾナ州）
	8月	**サンダンス**（ミネソタ州パイプストーン）、聖なるパイプ拝領
	9月2日	第7回**フナイ・オープン・ワールド**
	9月9・10日	**スウェットロッジ**（三浦半島）
2000		広島原爆の火を掲げたピーススウォーク
	9月23日	**スウェットロッジ2回目**（三浦半島）
	11月	ロボット博覧会ROBODEX開催
2001		
2002		
2003		
2004	8月	**サークル・オブ・ネイションズ**（カナダ・ケベック州マニワキ）
2005		
2006	5月	土井利忠、ソニー退職
	7月	生前葬。以降、天外伺朗として生きる
2007		
2008		

年	巻	月日	出来事
2009	1巻		
2010	1巻		
2011	1巻	3月11日	（東日本大震災）
		8月	ウィリアム・コマンダ大長老逝去
			白山比咩神社に参拝（石川県）
		12月	ヴィジョン・クエスト下見
2012	1巻	5月3〜5日	**ヴィジョン・クエスト**（岐阜県洞戸）
2013	1巻		
2014	1巻	5月24日	**剣山でのパイプセレモニー**（徳島県）
2015	1巻	4月	**日本列島祈りの旅キックオフの会が中止になる**
		5月30・31日	**出雲ツアー**（島根県）
2016	1巻・2巻	5月28・29日	**日本列島祈りの旅**（北海道日高地方のアイヌの聖地を巡る）
		10月8・9日	**日本列島祈りの旅**（島根県潜戸）
2017	2巻	5月20〜22日	**日本列島祈りの旅**（東北・青森縄文の聖地を巡る）
		10月7日	**日本列島祈りの旅**（島根県潜戸）
2018		5月19〜21日	**日本列島祈りの旅**（東北・岩手縄文の聖地を巡る）
2019		5月11〜13日	**日本列島祈りの旅**（北海道函館近辺の聖地を巡る）

2020　2月4日　東出雲王家の末裔、富尊彦（斎木雲州）さんと会う
　　　8月25日　鎌倉・稲村ヶ崎の桐島洋子邸にて、イズモ族の供養のプレイベントを開催
2021　3月27～28日　猪目洞窟と静の岩屋を下見
　　　3月31日　チャネラーAさんに先住民の霊が降りてくる
　　　4月1日　加賀の潜戸で大火災は発生する
　　　5月22～23日　**日本列島祈りの旅**（島根県・猪目洞窟と静の岩屋を巡る）
2022　5月14～15日　**日本列島祈りの旅**（島根県・猪目洞窟と静の岩屋を巡る）
2023　5月21～22日　**日本列島祈りの旅**（島根県・三瓶山と出雲大社を巡る）

◆著　者……………………………………………………

天外伺朗　Shiroh Tenge

工学博士（東北大学）、名誉博士（エジンバラ大学）。1964年、東京工業大学電子工学科卒業後、42年間ソニーに勤務。上席常務を経て、ソニー・インテリジェンス・ダイナミクス 研究所（株）所長兼社長などを歴任。現在、「ホロトロピック・ネットワーク」を主宰、医療改革や教育改革に携わり、瞑想や断食を指導。また「天外塾」という企業経営者のためのセミナーを開いている。さらに2014年より「社員の幸せ、働きがい、社会貢献を大切にする企業」を発掘し、表彰するための「ホワイト企業大賞」も主宰している。著書に『日本列島祈りの旅1、2』『祈りの法則』（小社刊）、『「ティール時代」の子育ての秘密』『「人類の目覚め」へのガイドブック』『実存的変容』『ザ・メンタルモデル』（由佐美加子・共著）『自然経営』（武井浩三・共著）『幸福学×経営学』（小森谷浩志・前野隆司・共著）『人間性尊重型 大家族主義経営』（西泰宏・共著）『無分別智医療の時代へ』『「自己否定感」』『「融和力」』『「正義と悪」という幻想』（いずれも内外出版社刊）など多数。2021年の夏、これからの生き方や在り方、暮らし方をみんなで学ぶオンラインサロン「salon de TENGE」をスタートした。

ホロトロピック・ネットワーク（医療改革、教育改革、瞑想、断食）
info@holotropic.net.org
https://holotropicnetwork.wixsite.com/network

（株）オフィスJK（天外塾関係）
officejk@onyx.ocn.ne.jp
https://officejk.jp/

ホワイト企業大賞
info@whitecompany.jp/
https://whitecompany.jp/

salon de TENGE（天外伺朗オンラインサロン）
sale-div@naigai-p.co.jp
https://www.naigai-p.co.jp/salondetenge/

映画「日本列島祈りの旅」公式サイト
http://inori-movie.site/

日本列島祈りの旅 3
出雲王朝の謎を解く！

●

2023 年 11 月 23 日　初版発行

著者／天外伺朗

装幀／福田和雄（FUKUDA DESIGN）
編集／高山 澗
DTP ／伏田光宏
校正／安達真紀子

発行者／今井博揮
発行所／株式会社 ナチュラルスピリット
〒101-0051 東京都千代田区神田神保町 3-2 高橋ビル 2 階
TEL 03-6450-5938　FAX 03-6450-5978
info@naturalspirit.co.jp
https://www.naturalspirit.co.jp/

印刷所／創栄図書印刷株式会社

ISBN978-4-86451-458-3 C0014

●新しい時代の意識をひらく、ナチュラルスピリットの本

日本列島祈りの旅 1

先住民の叡智を学び、
アイヌの英雄シャクシャインの御霊の封印を解く

天外伺朗【著】

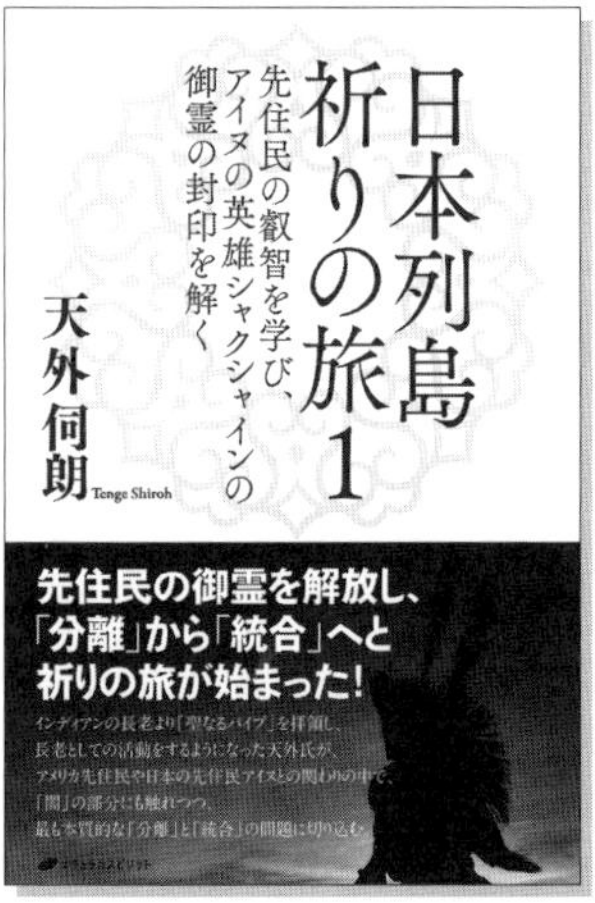

四六判・並製／定価 本体 1500 円+税

先住民の御霊を解放し、
「分離」から「統合」へ！

長年大企業で技術開発に携わり活躍していた著者がアメリカ先住民との交流を経て、「日本列島祈りの旅」を開催していくに至る活動の記録。インディアン社会に巻き込まれ、四国の剣山で啓示を受け、北海道でアイヌの英雄“シャクシャイン”の御霊に祈りを捧げる著者。その時の思い付きで行動するライフスタイルで、エゴを超えた「宇宙の計画」の流れに乗り、すべてがうまくいってしまうストーリーも読みどころのひとつです。

お近くの書店、インターネット書店、および小社でお求めになれます。

祈りの法則

インディアンの長老から授かった「宇宙の流れ」をコントロールしない祈り方

天外伺朗【著】

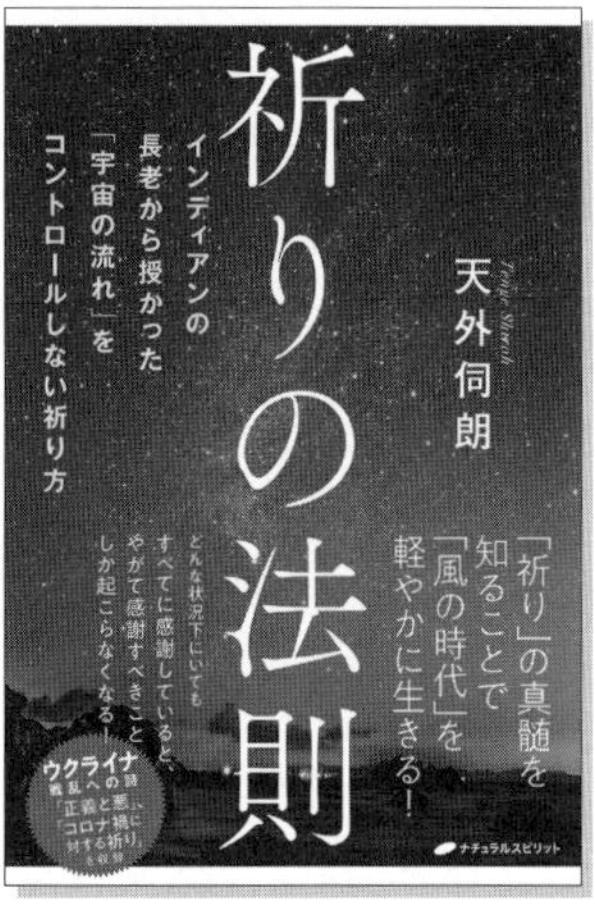

四六判・並製／定価 本体 1400 円+税

「祈り」の真髄を知ることで「風の時代」を軽やかに生きる！

本書は、「祈り」に関する奥義の秘伝書です。インディアンの一部の長老からその直弟子の長老へ秘かに伝わってきた、「宇宙の流れ」をコントロールしない祈り方を公開します。誰でも知っている「祈り」の奥底に、誰も知らない、一般の宗教家も驚くような秘密が隠されています。
ウクライナ戦乱への詩「正義と悪」を緊急収録！

お近くの書店、インターネット書店、および小社でお求めになれます。